FACULTÉ DE DROIT DE PARIS

DROITS DU PÈRE

sur la personne

DES ENFANTS LÉGITIMES

En droit romain et en droit français

POUR LE DOCTORAT

THÈSE PUBLIC SUR LES MATIÈRES CI-DESSUS
soutenue le samedi 1er juillet 1888 à 2 h. 1/2

PAR

Émile CHAUVIN

ès-lettres (philosophie), avocat à la Cour d'appel,
du concours de licence de la faculté de Paris
Concours général des Facultés (2e prix)
Concours de Doctorat (mention unique)

Président :   M. JOBBÉ-DUVAL, *professeur*.
     MM. LABNAUDE, *professeur*.
Suffragants :   ALGLAVE, *professeur*.
     WEISS, *agrégé*.

PARIS

DURAND ET PEDONE-LAURIEL, ÉDITEURS
LIBRAIRES DE LA COUR D'APPEL ET DE L'ORDRE DES AVOCATS

G. PEDONE-LAURIEL, SUCCESSEUR
13, RUE SOUFFLOT, 13

1888

THÈSE

POUR

LE DOCTORAT

FACULTÉ DE DROIT DE PARIS

DES DROITS DU PÈRE

sur la personne

DE SES ENFANTS LÉGITIMES

en Droit romain et en Droit français

THÈSE POUR LE DOCTORAT

L'ACTE PUBLIC SUR LES MATIÈRES CI-DESSUS

sera soutenu le samedi 1er juillet 1893, à 2 h. 1/2

PAR

Emile CHAUVIN

Licencié ès-lettres (philosophie), avocat à la Cour d'appel.
Lauréat des six concours de licence de la faculté de Paris,
du Concours général des Facultés (2e prix)
et du Concours de Doctorat (mention unique)

Président : M. JOBBÉ-DUVAL, *professeur.*

Suffragants { MM. LARNAUDE, *professeur.*
ALGLAVE, *professeur.*
WEISS, *agrégé.*

PARIS

A. DURAND ET PEDONE-LAURIEL, ÉDITEURS

LIBRAIRES DE LA COUR D'APPEL ET DE L'ORDRE DES AVOCATS

G. PEDONE-LAURIEL, Successeur

13, Rue Soufflot, 13

1893

DES DROITS DU PÈRE

SUR LA

PERSONNE DE SES ENFANTS LÉGITIMES

INTRODUCTION

Voici une institution juridique de haute importance : la puissance paternelle est la base du groupe familial ; celui-ci la cellule sociale. On cherche ici la formule de cette institution, ce qu'elle est et ce qu'elle sera.

Une telle formule est concevable : une équation définit une courbe, elle la contient en abrégé. — Mais les mathématiques ne sont pas la science sociale, l'abstrait le concret. Quelle chance de réussir et comment ?

On cherche une définition essentielle ; où la prendre ; dans les faits ou au-dessus d'eux ? sera-ce notre point de départ ou d'arrivée ? — Cela revient à demander s'il y a un dualisme à la racine de notre science ou si le droit écrit est tout le droit.

Deux écoles luttent ici : les intuitifs affirment le

1.

dualisme. Que le droit gravite autour de la personne humaine ou qu'une puissance supérieure et révélée le fonde, théocratie et libéralisme s'accordent sur un point : des principes doivent répondre, non des faits : c'est *a priori* qu'on devra dire ce qu'une telle institution est essentiellement et si le législateur qui parle prononce une parole de vérité.

Pour saint Thomas, par exemple, le père a vis-à-vis de l'enfant des droits analogues à ceux de Dieu sur la créature (1) et l'enfant est comme une partie de lui-même (2); mais les droits de Dieu priment une telle puissance (3) et il s'ensuit que le père a des devoirs (4).

1. Le droit naturel (contenu dans les forces de la raison humaine 2. 1ª. q. 71 a. 6. Somme), suffit à fonder la piété filiale (2. 2ª. q. 144. a. 6 et a. 9. — 1. 2ª. q. 100 a 5. 4ᵐ) debitum filii ad patrem est manifestum.. eo quod pater est principium generationis et esse.. — 2. 2ª. q. 101. 1. .. pertinet exhibere cultum parentibus. Cf. 22ª. q. 102. a. 1. c. — carnalis pater particulariter participat rationem principii quœ universaliter invenitur in Deo.. quia pater est principium generationis...

2. 1. 2ª. q. 100 a. 5. 4ᵐ. filius est.. aliquid patris. Cf Arist. eth. 8. c. 12 pr.

3. Sent. II. 33. q. 1 a 2. .. quantum ad animam quæ immediate a Deo creatur non est res parentis sed ipsius Dei.

4. 2. 2ª. q. 101. a 2.2ᵐ... quia pater habet rationem principii, filius autem habet rationem a principio existentis, per se patri conveniat ut subveniat filio, non solum ad horam, sed ad totam suam vitam quod est thesaurizare.

Pour Domat (5) Dieu a établi toutes les puissances, notamment celle du père, il la limite par l'amour ; à l'opposé Wolf ne fera fléchir l'égalité que devant le contrat et la puissance paternelle aura une telle base (6), les enfants conservant d'ailleurs un étrange droit de juger les ordres qu'ils reçoivent ; Hegel (7),

5. Domat. *Les loix civiles dans leur ordre naturel*. Paris, 1705. Dieu a destiné l'homme à la société (I. 2. III), il a donc lié entre eux les hommes naturellement libres (II, p. 5), soit par les liaisons naturelles du mariage, soit de la naissance. « C'est pour former ce lien que Dieu veut que l'homme reçoive la vie de ses parens dans le sein d'une mère.. » (I. 3. III).

6. *Institutions du droit de la nature et des gens*. Ed. Luzac Leide, 1772. — La société paternelle est un quasi-pacte car les parens en faisant des dispositions relatives à l'éducation manifestent par là la volonté de les élever ; or on doit supposer dans les enfans un acquiescement, donc, etc. D'ailleurs l'homme doit conserver son espèce, car il est propre et porté à se reproduire (?) (t. V. p. 64. note). D'où le devoir d'éducation (§ 886) et une sorte d'empire (§ 889) ; donc les enfans obéiront (§ 889) et seront obligés, sauf si on leur commande des choses contraires à la loi naturelle.

La théorie de Wolf qu'on raille, ne laisse, point d'avoir du rapport à celle de Puffendorf (*de off. hom. et civ.* L. II. c. III, § 2. et *Droit de la nat. et des gens.* L. VI, ch. II, § 1. sq.) qui fonde la puissance paternelle sur *l'obligation d'élever* les enfans et ajoute un *consentement présumé des enfans* ; Grotius fait découler simplement le pouvoir du père du fait de la génération (?) (*Droit de la guerre et de la paix.* L. II, ch. V. § I).

7. Hegel, *Philosophie du droit dans* Sammtl. Werk, Berlin, 1840. Bd. 8 § 158, p. 216 sqq. — La volonté subjective s'objective au premier degré dans la famille qui devient substan-

construisant au 3ᵉ degré de l'évolution de l'esprit
la moralité sociale démontrera que le père n'a que
des devoirs de protection.

Faut-il choisir entre de telles définitions une proposition qui serait un principe méthodologique pour
notre recherche, une idée directrice ou un juge pour
l'histoire ?

Cela est contestable : cette philosophie et le droit
sont séparés de fait depuis quelque vingt ans ; on
dit qu'ils sont en train de ne se plus connaître.
M. Courcelle Seneuil [8] prononçait leur divorce dès
1887 par la raison que la métaphysique se meut
dans le monde des noumènes, le droit dans celui
des faits, qu'il y a donc incompatibilité d'humeur.
Depuis, M. Tarde [9] constate avec plaisir que les

tielle par l'amour ; donc toute nouvelle famille est substan-
tielle et le mariage émancipe (§ 172) ; la « mise hors de celle »
a une valeur métaphysique absolue. Les enfants sont d'ailleurs
l'objectivation de l'amour des époux (§ 173) : « beide haben
in ihm ihre Liebe vor sich ». Ils sont libres en soi (§ 175). Ils
n'appartiennent à personne comme des choses parce qu'ils ont
droit à l'éveil en eux de la volonté emprisonnée dans la nature et qui marche vers la Conscience.

8. C. Seneuil, *Préparation à l'Etude du droit*, Paris, 1887. —
Cf. A Jourdan. *L'Economie politique et le Droit*, Rev. Ec. pol.,
1887, 323, et Naquet. *Rev. bleue*, 87, 448. Danten, *Rev. intern.
de l'Enseig.*, 89, 487. E. Chauvin. *Rev. ens. sec.*, 93, 280.

9. J. Tarde. *Transformations du Droit.* Paris, Alcan, 1893. —
Cf. *Rev. Ec. pol.*, 93, 165.

métaphysiciens laissent la mine au mineur, au jurisconsulte le droit ; le docteur Bergbohm (10) n'a pas assez d'ironies pour les *naturalistes vermoulus* ; M. Fouillée concède que le dualisme est problématique (11) ; M. Richard (12) l'ignore complètement.

On chercherait donc vainement dans le domaine de la seule raison la formule d'une institution sociale.

Est-ce à dire qu'il n'y a pas de science de l'activité humaine ? Pourquoi non ? — « les brises sont capricieuses, la tempête n'a point de frein, une feuille ne ressemble pas à l'autre et cependant il y a des lois de tout cela. » Peut-être qu'il y a des lois aussi pour l'activité humaine, le tout est de savoir trouver. Une science est donc concevable, qui découvrît en un long travail de critique et de comparaison, qui sût extraire de la complexité de l'histoire

10. Karl. Bergbohm. *Jurisprudenz u. Rechtsphilosophie*. Krit. Abh. I. Leips, 1892, *passim*. — Cf. p. 368 : « admettons pour un instant l'hypothèse du dualisme. Le droit naturel lie ou prétend lier, sous peine de n'être pas un droit. Il y a donc deux droits obligatoires, mais comment faire ? il n'y a qu'une vie pratique. Nous voilà au rouet. — Mais il y a dit on des lacunes dans le droit positif ? — Je le nie (374, sq.) : votre droit naturel n'est donc qu'une armée de parade dont les fusils ne portent pas... »

11. *L'idée moderne du Droit*, Paris, 1878, p. 58.

12. *Essai sur l'origine de l'idée de Droit* Paris. Thorin. 1892, p. 263. Cf. Durckheim, *Rev. philos.* mars 93.

et des ombres profondes de la préhistoire des lois sociales et naturelles en même temps. Les sciences de la nature rassemblent des faits, elles induisent les lois de la matière, pourquoi la science sociale ne découvrirait-elle pas des lois analogues ? — On induirait les lois au lieu de les déduire ; elles auraient la valeur et la logique des faits, rien de plus, rien de moins. — Mais la science, dit-on, est chancelante qui repose sur de telles contingences ; — celle qui repose sur autre chose est peut-être une chimère : elle est la colombe de Kant qui sent la résistance de l'air et qui veut voler dans le vide.

Ce n'est pas le lieu d'entrer dans le débat (13) ; on n'en veut retenir qu'une chose, c'est qu'il y a contestation sur le fond du droit. Or cela tranche notre question préjudicielle, car s'il y a des lois *a priori* nous les retrouverons par l'observation, s'il n'y en a pas nous construirions des fictions puériles. Même pour se réconcilier avec la métaphysique il faut bien que le droit l'aille trouver chez elle, c'est-à-dire dans le monde de l'inconnaissable. Or qui pourrait dire qu'une réconciliation quelconque ne se fera pas dans ce monde là ou qu'une loi de la nature heurte un principe dont les mortels ne peuvent pas parler ? — mais à l'inverse de quel droit prétendre arracher au monde son secret *a priori* ? Si l'on pouvait connaître,

13. On l'a exposé ailleurs. *Rev. e.is. sec.* 1893, n° 14 sq.

par je ne sais quelle suggestion les pensées d'Homère sans lire l'Iliade, cela serait expéditif ; il est plus scientifique et plus sûr de les entendre en étudiant les lettres, les mots et les phrases. La nature nous parle en infiniment de langages et ils sont très difficiles à entendre ; cela ne veut pas dire qu'on peut comprendre d'emblée ce qu'elle nous veut dire et sans commencer par apprendre à lire.

On ne définira donc pas la puissance paternelle ; c'est assez d'avoir ici quelque idée de ce dont on parle pour ne prononcer pas des mots vides de sens, car on ne sait pas plus *a priori* ce qu'il y a dans le monde social que ce qu'il y a dans le monde physique. On le saura peut-être à la fin de la recherche ; les faits recueillis et classés, peut-être qu'on pourra indiquer une tendance, comme une direction à une courbe qui relie des points singuliers.

On peut seulement faire avant quelques hypothèses parce que qui ne sait pas ce qu'il cherche ne comprend pas ce qu'il trouve. Mais ces hypothèses elles-mêmes seront pures méthodologiques ; elles ne préjugeront rien sur les lois à induire. Ainsi on ne supposerait pas légitimement une loi d'évolution analogue à l'évolution d'un être organisé ; on ne partira pas de quelque monère sociale pour aller à la liberté à travers le despotisme patriarcal, sans oublier la série classique promiscuité-patriarcat-matriarcat,

car l'imagination est parfois maîtresse d'erreur. On
ne croira pas *a priori* à une croissance, à une matu-
rité, à une dégénérescence des institutions chez un
peuple, car pourquoi le développement d'un œuf serait-il le type social plutôt que celui d'un soleil, et
qui dit que Ninive ne pût fleurir aujourd'hui s'il n'y
eût eu quelques accidents malheureux et impossibles
à prévoir ? — Les Berbères des îles Canaries avaient
au XVIᵉ siècle les mœurs de l'époque des Troglo-
dytes.

S'il y a des lois sociales, elles sont souples comme
la règle Lesbienne, elles laissent place à l'individuel,
à l'accidentel, au génie. Le tissu des faits est infiniment varié.

Peut-être d'ailleurs que, sous un certain biais, cette
bigarrure apparaît uniforme : l'endroit serait la vie,
l'envers répétition. Cela est concevable puisqu'en les
formules que l'on cherche la volonté et l'intelligence
entrent comme facteurs. Peut-être que quelques idées
directrices mènent le monde qui n'en sait rien, quelques idées qui sont l'œuvre de notre individualité
morale, qui, comme des ouvrières actives et silen-
cieuses, font et défont, selon la parole d'un maître,
la trame vivante des choses. Ainsi l'invention, l'ac-
cident auraient leur place, l'imitation la sienne. M.
Tarde croit même que l'imitation est toute la réalité
sociale. Elle est presque toute l'hérédité, et l'héré-

dité n'est pas toute l'imitation ; pourquoi sans cela la loi les XII tables saccorderait-elle avec les coutumes préislamiques. (14) ? Ainsi aux besoins innés et héréditaires de la nature humaine se surajoutent des besoins acquis et dérivés par la contagion imitative d'homme à homme : Voici une hypothèse économique et qui ne préjuge rien.

Maintenant, de la famille à la société, du groupe à l'Etat, comment s'est-elle répandue. Est-il vrai que la famille ait été l'enclos fermé où la civisation et la justice aient fleuri d'abord et qu'on en ait reculé les murs par la suite jusqu'à ce que ces plantes précieuses aient pu venir en pleine terre ? Cela est possible, non nécessaire ; peut-être que nous le verrons en y regardant de près.

Ainsi on descendra dans les faits, on y demeurera, on les prendra tels qu'ils sont, on ne posera pas en principe qu'une institution fût le privilège d'une race parce qu'une telle assertion est transcendante ; sauf à se demander ensuite et quand l'inventaire sera fait

14. Khàlil. trad. Seignette, introd. p. XXXVII. Code musulman. M. Seignette (p. XL) en conclut à l'origine commune des races sémitiques et indogermaniques. N'oublions pas qu'on a fait du chat botté un mythe solaire et que Barbe Bleue fut déclaré descendant d'Indra pour expliquer par une origine commune ce qui s'expliquerait peut-être plus simplement par l'imitation. — Cf. Tarde *l. c.* p. 175.

s'il n'y a pas une logique cachée où l'art et la science se rencontreraient, qui nous dirait ce qu'est la puissance paternelle et ce qu'elle vaut.

———————

Une science se constitue en se limitant : On entend ici la puissance paternelle en un sens précis : la puissance de l'individu sur l'individu, l'autorité du père sur la personne de l'enfant.

On recueillera séparément les solutions données au problème par l'antiquité, puis celles du moyen-âge et du droit positif moderne.

PREMIÈRE PARTIE

L'ANTIQUITÉ

On conçoit des degrés dans un rapport de puissance ; le pouvoir du père sera fort, faible ou modéré. Il y a des exemples de ces trois formes. La Chine, le droit juif antémosaïque, les coutumes mahométanes antéislamiques sont des exemples d'autorité absolue, l'Egypte d'un pouvoir faible ; les conceptions ariennes très anciennes d'une autorité modérée donnant, comme en deux dérivations d'une source unique, la théorie de la Grèce et celle de Rome.

SECTION I. — Chine et Egypte.

CHAPITRE I. — Chine.

La famille chinoise est le peuple en petit (1), la souveraincté théocratique règne au haut et au bas de l'échelle sociale. Le membre du groupe familial est soumis toute sa vie à la puissance absolue du père : la cangue, la bastonnade, l'exil s'opposent à toute tentative d'établissement séparé (2). L'autorité est organisée dans l'intérêt du groupe et de son chef : de là, le droit de vendre l'enfant (3), de le tuer (4),

1. Scherzer, *La puissance pat. en chine*, p. 2. po-sinn = peu- — ple, les cent familles. Cf. Tcheng-Ki-Tong. *Rev. des Deux-mondes* 1884, p. 284 : le prince est le père et la mère du peu- — ple. Tchang le patriarche reunit neuf générations sous son toit.

2. Leist. G. I. R. G. p. 64. Cf. Berr. de Turquie. *Bull. soc. leg. comp.* VIII, 284 et Scherzer, p. 28.

3. Dans une année de disette au moins ajoute le droit mo-derne dans les *li* du *ta-hio*, ces parties transitoires qu'un mi-nistre ajoute au droit traditionnel comme une législation pré-torienne.

4. Scherz. 13. — Pas de poursuites pour infanticide avan¹

de le marier (5).

L'antique Judée connaît les mêmes règles (6) ; le patriarche est juge suprême : avez-vous des fils, dit l'Ecclesiaste (7), accoutumez-les au joug dès leur enfance.

M. Seignette (8) trouve dans un commentaire du Coran la preuve d'un droit analogue dans les coutumes préislamiques.

un Li de 1771 ; il est vrai qu'on sévit aujourd'hui contre le chef de famille et même contre les voisins. (Tcheng, p. 827). Le droit de correction prend aujourd'hui la forme d'une plainte judiciaire, mais la forme seulement : « les parens sont crus sur leur déclaration et il ne sera pas nécessaire de procéder à une instruction sur le délit de l'enfant ». Il est vrai que si le droit de correction est exercé aveuglément le père recevra cent coups de bambou. Scherz, 13.

5. Tcheng. 828 : « ils n'ont qu'à épouser à heure dite ».

6 Leist. G. l. R. G. — p. 64. « sur les enfans règne la puissance antémosaïque illimitée restreinte seulement à une époque plus récente par l'obligation imposée au chef de famille de traduire le fils devant les anciens de la ville pour le jugement définitif ».

7. Exod. XXI, (18-20).

8. Code musulm. Khàlil. tr. fr. 1878, intr. p. 27. Commentaire de Zamakchary : « Les arabes païens avaient une grande prédilection pour les enfants mâles... si c'était une fille, souvent le père l'enterrait vivante ; cet usage fut aboli par le verset. Le livre de Khâlil codifiant l'interprétation de l'Imammaleck vers le XIVe siècle de notre ère enregistre aussi cette restriction.

CHAPITRE II. — L'Egypte.

La notion qui ressort des documents égyptiens est exactement contraire.

L'autorité paternelle a dû être considérable à une époque très reculée (9). Il ne semble pas qu'on rencontre jamais un droit de disposition analogue à celui de la Chine ou des coutumes antémosaïques, mais le droit de vente existait probablement au IVe siècle avant J.-C. (10) et le droit Babylonien permet à la mère de rompre par un détour juridique significatif le mariage de sa fille (11).

Depuis Bocchoris, il est certain que le père n'a qu'un pouvoir de protection (12), une autorité naturelle, limitée par l'intérêt de l'enfant. Les textes relatifs aux biens consacrent la valeur juri-

---

9. Avant Sésostris et depuis l'expulsion des pasteurs sémites jusqu'à Bocchoris.

10. Acte démotique an VI thot du roi Darius. *Revillout*, 161 : « J'ai écrit pour accomplir toute parole ci-dessus.... je suis ton esclave ainsi que mes enfants ».

11. Mariage par gage livré : la mère confie sa fille au mari en gage avec droit de la reprendre en payant une dette fictive laquelle est même productive d'intérêts.

12. Revillout. *l. c.* p. 171. Cours du Louvre).

dique de la famille représentée par l'aîné des fils (13),
distincte du père, souvent en opposition d'intérêts
avec lui. Les papyrus démotiques indiquent une
limitation analogue des droits sur la personne :
« ne maltraite pas ton fils par violence, prends sa
main » (14) dit un texte. Le droit de vie et de mort
n'existe pas (15) ; l'enfant se marie à son gré (16).
Enfin la puissance paternelle est si bien fondée sur
la nature qu'elle existe sans distinction sur les
enfans naturels (17) et que la parenté fictive de
l'adoption ne saurait la faire naître ; elle ne dure
qu'autant que l'exige l'intérêt de l'enfant (18).

Faut-il en conclure qu'une évolution vers la liberté

---

13. L'aîné se tient debout pour la famille. Revill. p. 179. Cf.
Droit babyl. Revill. *Oblig.* 351. — et Tabubu dans le roman de
Setna : « ne feras-tu pas monter tes enfants afin qu'ils prennent
part à l'acte » . . .

14. Revill. 183.

15. Diod. Sic. 1. 77. Le père meurtrier de son enfant tiendra
le cadavre embrassé pendant trois jours et trois nuits.

16. « Ne fais prendre à son fils une femme que selon son
cœur à lui » Revill. 182. — Dareste. *Etud. hist. du dr.* p. 5,
n. 1.

17. Diod. Sic. I, 80, 3. Il n'y a pas de bâtards en Egypte
mais seulement des enfants dont le père est inconnu. Revill. 169.

18. Arg. Revill. Actes de Babylone, p 355. le fils du banquier
Iddinamarduck sépare sa fortune de celle de son père, fondant
une société florissante alors que son père est failli et ruiné.

de l'enfant a eu lieu dans le droit Egyptien ; cela est possible ; on ne voit pas d'ailleurs comment se concilie l'autorité paternelle très forte de la XVIIe dynastie avec l'hypothèse courante du maternicat égyptien originaire.

SECTION II. — Conceptions ariennes.

Entre le despotisme familial et l'autorité très douce du père Egyptien il y a place pour une forme moyenne, comme une combinaison transactionnelle de liberté et de rigueur. On la peut chercher chez les aryas de l'Inde avec quelque vraisemblance. On y peut chercher même la combinaison d'un élément d'autorité absolue qui deviendra la *patria potestas* romaine et d'une puissance de protection qui donnerait le principe hellénique. Cette construction est hypothétique, peut-être artificielle ; elle ne préjuge pas le fond des choses, tout au plus met-elle, comme voulait Descartes, de l'ordre où il n'y en a point ; cela est licite.

CHAPITRE I. — Le droit arien.

Le droit des Védas semble être l'origine la plus reculée (1) de nos sources classiques ; les brahma-

1. Les Aryas se fixent dans la presqu'île du Gange XVᵉ siècles (?) avant notre ère. Burnouf. Essai sur les Védas, p. 1-10.

nas, les sutras, les lois de Manu l'expliquent et le modifient. Ces textes font de la famille un groupe religieux dont le chef n'est ni un patriarche ni un monarque absolu.

La puissance paternelle a une base religieuse ; cela est certain ; les ancêtres et les dieux se confondent ; « la nature entière chante l'hymne aux ancêtres » dit un texte (2) ; la parenté civile se base sur la hiérarchie des sacrifices aux mânes irrités des ancêtres (3) et la famille se concentre dans le père dont la puissance sacrée apaise seule les démons (4).

Religieuse, cette autorité naît religieusement ; le mariage est divin (5), comme au commencement des temps celui de la lune et du soleil, mais cette religion est dans la nature et ne s'en passe point ;

2. Id. p. 187 et 204 : « Tous les dieux, dit le chef de famille à l'épouse, t'ont donnée à moi qui suis le feu domestique. » — « Le père est le feu sacré perpétuellement entretenu par le maître de la maison, la mère le feu des cérémonies... » Manu, II. 231. « Par son respect pour son père l'enfant obtient le monde intermédiaire.. par son respect pour sa mère, il obtient ce bas monde.. » Manu II, 232 sq. Est ce là l'origine de l'art. 371 de notre Code ?

« Le père est l'intermédiaire direct des dieux et de la famille » Leist. Gr. I. R. G. p. 124.

3. Leist. p. 19.

4. Leist. p. 126.

5. Avc. XIV, 2. 32. « au commencement les dieux se placèrent près de leurs épouses et touchèrent leurs corps avec leurs corps ».

L'adoption ne suffirait pas à créer la puissance, on
la remplace par une paternité par procuration (6).
Réciproquement le lien du sang tout seul ne suffirait pas non plus ; une cérémonie religieuse le
viendra confirmer (7). D'autres textes disent que le
père gagne les enfans comme le croît, peu important
« que la semence de la moisson vînt de chez
autrui ». (8) ; on soutient aussi que la vente de
l enfant ne fût à l'époque des sutras qu'une faute
religieuse légère (9). Il est concevable que cet
élément archaïque eut dominé d'abord ; ce qui est
certain c'est que les textes nous présentent presque
exclusivement la puissance paternelle comme une
autorité basée sur la religion et limitée par elle.

Ils mettent en lumière un double élément de rigueur et de liberté. — Le chef religieux a la toute-
puissance ; il semble bien qu'il ait eu, au moins à une

6. Le *pâti* sans postérité se fait suppléer par un parent,
Manu, IX, 58. « Le frère aîné qui connait la femme de son
jeune frère... sont dégradés bien qu'ils y aient été invités par
les parens .. *à moins que le mariage ne soit stérile* ».

7. On porte le nouveau né en cercle autour du foyer de
gauche à droite et on lui fait gouter le soma. — Sacrale darbringung, dit ʟeist.

8. Manu, IX, 145. Bernhöft. Staat. u. Recht. 196 note —Bo-
ckumer, Landrecht, 452, cité par Grimm Rechtsalth, 444, signale chez les anciens Germains un principe analogue.

9. Rivier, Précis de la famille Romaine, p. 50, n. 2. Cf.
Bernhöft, p. 205.

époque très reculée, un droit de vie et de mort (10),
mais de très bonne heure aussi un conseil de
parents fut probablement une garantie pour l'enfant (11), de sorte qu'en y regardant de près, ce que
les textes présentent sous forme d'autorité paternelle serait peut-être l'organisation de cette justice
familiale où se manifeste presque universellement
chez les primitifs la seconde forme de la réaction
défensive contre l'acte criminel : réaction morale tout
imprégnée de l'idée de coulpe et de responsabilité,
antithétique à une réaction vindicative et impitoyable
qui affecte vis-à-vis des étrangers la forme du talion.

En second lieu, au moins à l'époque des lois de
Manu, le père n'a pas le droit de disposition (12);
la sanction serait religieuse et familiale, ce qui ne
veut pas dire qu'elle ne pût être énergique (13).

Enfin l'autorité du chef de famille disparaît
lorsque l'enfant fonde lui-même une nouvelle
« dama », peut-être lorsqu'il atteint l'âge de l'ado-

10. Leist, G. I. R. G. 60. — Cf. les sacrifices humains dans
les sacrifices des cinq bêtes lors de l'agni-cayanam.

11. Id. 291, arg. anal du conseil du rayan.

12. « Un père qui connait la loi ne doit pas recevoir la moin-
dre gratification en mariant sa fille.. sous peine d'être considéré comme ayant vendu son enfant ».

13. Leist. Alt. J. G. 411-414.

lescence (14) et par une abdication volontaire du père qui se retire dans la forêt (15).

Il est concevable que les Aryas de l'Inde fussent les ancêtres des grecs et des Romains ; les premiers se seraient plus attachés à l'élément de liberté enfermé dans l'autorité du *pâti vedique,* les seconds auraient développé l'élément de rigueur.

CHAPITRE II. — La Grèce.

La base de la puissance paternelle demeure religieuse ; il est même probable qu'une imitation plus ou moins directe a relié l'ancien droit grec aux traditions ariennes ; ainsi, les cérémonies familiales

14. Chaque dama ne contient qu'un feu. — Le mariage du fils est-il nécessaire pour le soustraire à la puissance ? peut-être que la puberté change à elle seule sa situation ; elle est constatée par une cérémonie religieuse (godhanavidhi décrite dans le gryasutra : « savitar-dâ vint avec le rasoir, il vint avec l'eau chaude ô vagu.. Avec ce couteau dont savitar coupa la barbe du roi soma, ô prêtres coupez-lui la barbe ; qu'il soit riche en amours et en postérité ». Leist. *loc. cit.*

15. Manu, VI, 2. « C'est au fils qu'appartient alors l'entretien du feu ; que si quelqu'un est impubère la vie en commun continue sous l'autorité de l'ainé que Leist rapproche du χυριος égyptien. (G. I. R. G. 328).

saluant à sa naissance l'autorité du père présentent avec les cérémonies ariennes des analogies de forme (1); la sanction des devoirs entre parents et enfants demeure longtemps dans le domaine du seul droit sacré (2) ; la paternité artificielle par procuration (3) subsiste dans le droit grec et le père dut demeurer investi quelque temps des droits de juge familial, y compris celui de vie et de mort (4).

Ces analogies sont certaines.

Mais le droit grec fait un pas de plus ; il présente un phénomène intéressant : Le groupe familial était chez les ariens l'unité sociale ; il n'y avait de justice, peut-être de civilisation qu'à l'intérieur ; la sanction des droits et des devoirs demeurait purement religieuse. En Grèce, ces limites se reculent, l'interven-

---

1. L'amphidromie grecque est ce que Leist appelle die sacrale darbringung arienne, *suprà* I, n. 7. — G. I. R. G. 25. — Insuffisance pour fonder la puissance du simple lien du sang. Herodot. I. 59. Cf. Lallemand, 33, n. 1. — Ménandre expliquant par l'incertitude de la paternité la nécessité de la déclaration solennelle du père avait perdu le sens de la tradition. Fustel. de C. p. 99, n. 1. Cf. Stobée, 74, p. 451.

2. Leist. G. I. R. G. app. II, p. 713. « le frère évitera le frère coupable d'un attentat contre les parents. » Les Erynnies sont le justicier, non la cité.

3. Hermann, III, § 11, n. 12.

4. Leist. *op. cit.* p. 46. Plutarq. Solon, 20 un membre de l'Anchistie sera désigné par les parents pour donner à la famille le rejeton qui lui manque.

vention de la cité complique les relations en même temps qu'elle cristallise, pour ainsi parler en règles de droit, ce qui demeurait probablement très souple et variable : ainsi le pouvoir paternel se définit plus nettement, il est plus sévère et plus doux à la fois.

De très bonne heure la Cité sévit au moins indirectement (5) contre les enfans qui se conduisent mal ; à Athènes une action spéciale (6) sera dirigée contre eux. — Le père a certainement le droit d'exposition, (7) sauf des détails d'application (8). Il a le droit de vente, au moins si la nécessité l'exige (9), peut-être plus largement (10), celui de mettre l'enfant en gage (11), de louer ses services (12).

5. On n'admet aux magistratures que ceux qui se sont bien conduits envers leurs parens. Hésiod, 329 et Leist, p. 14, n. d.

6. γραφη κακωσεως γονεων Leist, p. 18, § 5.

7. Textes dans Lallemand, p. 36 sq. Plutarque dit qu'à Sparte le conseil des parents assemblés devait statuer. Plut. Lyk. 16.

8. A Thèbes une loi spéciale le remplace par un droit de vente avec permission du magistrat. Aelian V. hist. II. 7. cité par Zumpt. Abh. der. Berl. acad. Berlin .1840, p. 13.

9. Plut. Sol 23. et Plaut. Pers. 3, 1. — La fille qui par sa mauvaise conduite s'interdit un mariage honorable sera vendue par son père ou son frère.

10. Plut Solon. 13- « υδεις γαρ νομος εκηλυε..

11. Térence, heaut. v. 600 sq. 794 sq., arrabonist pro illo argento.

12. Plaute, Asinaria IV. 1. Bacchid I. 1. 8 sq. II, 1, 40 sq. et Solon dans Plutarque, Sol. 13. ; le père peut « χρεα λαμβανειν πι σωμασι. »

Inversement, à Sparte et à Athènes au moins, la puissance paternelle prend fin dès que l'intérêt de l'enfant cesse de la légitimer, elle apparaît ainsi comme pouvoir de protection.

Elle cesse dès que l'enfant est revêtu d'une fonction publique (13), à Athènes dès qu'il a atteint l'âge de 18 ans (14), à Sparte celui de 7 ans. Il entre alors dans l'αγελα et l'autorité du père se réduit à un droit à l'*obsequium* qui paraît peu de chose. Est-ce là une survivance du *Godhanavidhi arien* (15)? Cela est concevable; à tout le moins l'usage domestique est ici devenu loi de la cité.

CHAPITRE III. — Droit romain.

On peut soutenir que Rome développait la puissance paternelle arienne en une direction nouvelle, plus rigoureuse. L'évolution juridique est ici très scientifique. On part d'une notion primitive analogue à la conception hindoue, puis un double travail se produit, analogue au fond à celui qui s'é-

13. Leist. G. I. R. G. 63, textes.
14. D. hal. II. 26.
15. *Supr.* Ch. I. not. 14

bauche dans le droit grec, en la forme, très savant
et infiniment varié : d'une part, précise et rigoureuse détermination du droit paternel qui change
d'aspect suivant qu'on le regarde du dedans ou du
dehors, du côté de la famille ou de celui de la cité ;
puis effacement, désuétude graduelle de ces différences en un point de vue plus vaste : l'élargissement des relations de droit s'affirme en même temps
que se creuse et devient plus fertile le champ juridique par des inventions qui protègent absolument
l'équité, la liberté.

§ I. — Idée générale. — hypothèse méthodologique

Et d'abord, la notion la plus générale, comme
la raison d'être de la puissance paternelle romaine
demeure une idée religieuse : la religion du foyer
et du tombeau ferme le cercle familial et le *pater
familias* est le chef suprême de ce groupe. Les relations de droit sont d'abord restreintes au groupe
étroit et serré des parents; une communauté religieuse
fortifie, enferme en un formalisme cette première
manifestation de la sympathie et de la solidarité
humaines. Ainsi le père est grand-prêtre du culte
domestique (1), il est presque sur le même rang que

1. Texte dans Voigt. XII t. § 72, n. 21, il acco mplit seu
les sacra, lustratio agri, ovium. etc.

les dieux privés (2). Ainsi encore quand de très bonne heure la cité surajoute aux usages religieux des règles de droit, le *paterfamilias* représente le groupe dont il est le chef. Il le symbolise et l'incarne en son unité (2ª) de façon que peut-être, s'il était vrai que l'origine du droit fût essentiellement collective comme le veut Post (3), l'évolution de la conscience juridique vers la règle de droit individuel s'entendrait par cette individualisation singulière (4) du groupe familial.

Vue du dedans, du côté de ce groupe que le père représente, la puissance paternelle est autorité absolue. Qui lui imposerait des bornes ? — Il n'y a au dessus de lui que le Dieu, *lar, familiæ pater* (5); l'appréhension symbolique, *manus* caractérise son

2. Id. § 72, n. 8. *pater* est le nom des Dieux ; pater n'est pas genitor comme *pâti* se distingue de *pitri*.

2ª). — La cité ne connaît que lui, il déclare au censeur ses richesses et ses enfants, au moins jusqu'à la puberté sic. Den. Hal. 9.36, χρηματα και τους εν ήбη παιδας.. et Karlowa 99. n. 2. inf. p. n. (cité et puissance).

3. Grundlage des Recht. 1884, cité par Aguiléra l'idée moderne du droit en Allemagne, Paris, Alcan 1893, p. 8, 261. 263.

4. En ce sens, Kuntze. Excurse zu §§, 741-742, Voigt, l. c. II, p. 268 et 258. Jhering, geist. II, 127, cette personnalité privée qui s'isole et se concentre en elle-même est la clef de voûte du droit privé romain.

5. Plaut., Mercator, V, 1. 5, et Voigt, § 72.

droit souverain sur la *res familiaris* : *dominium* sur la *pecunia*, *potestas* sur la *familia*. — La *potestas patria* est cette souveraineté appliquée à l'enfant.

En quelle mesure subsiste-elle alors, et comment s'analyse-t-elle au point de vue juridique ? — Cela revient à chercher la définition essentielle de la *patria potestas* ; question de fait et de textes par laquelle on doit conclure (6), non débuter.

A un point de vue méthodologique, il est seulement commode d'adopter à titre d'hypothèse les résultats de l'analyse de Brinz : posons donc que la *potestas* embrassât deux élémens.

1° Un droit privé de quasi possession et d'usage ;

2° Une magistrature domestique ;

La souveraineté du père aurait ainsi deux aspects, l'un plus utilitaire, plus voisin du droit d'un propriétaire sur sa chose ; l'autre plus religieux et révélant comme des vestiges d'un droit public préhistorique.

On rangera dans ce cadre arbitraire, mais qui ne préjuge pas le fond, les solutions des textes, sauf à se demander ensuite si cette forme et cette matière répugnent et à conclure en général sur la notion romaine de la *patria potestas*.

Avant de savoir ce qu'est essentiellement le droit

6. *Infra.* §. VI n. 244.

7. Brinz. Pandekt § 458.

du père, on demandera donc aux sources comment
il naît et prend fin, puis comment il se réalise aux
deux points de vue hypothétiques d'un droit privé
et d'un droit quasi public.

§ II. — Origine et fin de la potestas.

A. — A Rome, comme en Grèce et chez les Ariéns,
concue religieusement la *potestas patria* naît religieusement ; elle n'appartient qu'à un citoyen sur un
citoyen (8) car l'étranger n'a point de Dieux. — L'enfant sera issu *ex justis nuptiis*, car les Dieux ne protègent que l'union selon les rites. La *potestas* ne naî-
tra que si le lien du sang et le formalisme liturgi-
gique sont réunis.

1. — Peu importeraient le lien du sang et les jus-
tes noces si le *paterfamilias* n'admettait le nouveau
né dans le cercle familial par une cérémonie spéciale (9) ; assis en son *solium* il relève si bon lui

---

8. Cependant Muther, sequestr. p. 392 va trop loin lorsqu'il
explique les mots « adjecta causa « du f 1. R. V. Ulp. en les
appliquant exclusivement au terme « ex iure Romano » qui
suit. — cf. infra. § III. n. 70.

9. Ce tollere analogue à la sacrale darbringung arienne
et à l'amphidromie grecque *supra*. ch II n. 1. — Voigt XII t.
§ 97. n. 9. 12. — et. Leg. reg. n. 46. cf. Terenne Andr. III. 2.
35. et Juvénal sat. IX. 84. — Faut-il en rapporter les cérémonies de couvade ? Il ne le semble pas ; cf. Starke. famille primitive. et Tarde Transf. du dr. p. 52.

semble (10) l'enfant qu'on lui présente ; que s'il détourne la tête peut-être que le nouveau né sera élevé dans la maison comme un esclave, le plus souvent il sera mis à mort : que la déesse Lewana lui soit bienveillante, *alma, quae levat infantes de terra.*

Cette rigueur dut disparaître de bonne heure ; le lien juridique de filiation s'établit indépendamment de la volonté paternelle (11). La jurisprudence et les sénatus-consultes construisirent une théorie du désaveu de paternité. La présomption *pater is est quem nuptiæ demonstrant* suffit à fonder la *patria potestas.* C'est seulement en des cas comme celui du S.C Plancien (12) que le mari peut nier sa paternité, et encore l'enfant a-t-il le *prœjudicium* de partu *agnoscendo* pour contraindre le père à le reconnaître *erga omnes* (13).

2. — Réciproquement la seule force du formalisme peut suffire à créer la *potestas. L'adoptio* et l'*arrogatio* sont des modes artificiels remplaçant l'expédient arien de la paternité par procuration.

B. — Ainsi créée la *patria potestas* est perpétuelle; elle dure jusqu'à ce qu'une *capitis deminutio* fasse disparaître juridiquement l'une des parties ou jus-

10. Ce fut la solution primitive. arg. *contr.* C. 9. (8. 47) Diocl et max.

11. F. ulp. 6. (R V.).

12. Schulin Lehrb. p. 240. n. 5.

13. F. 2. 3$_p$.(25. 3.)

qu'à ce que le père lui-même abdique la souveraineté en mettant par une *emancipatio* l'enfant hors de la famille.

Peu importe l'âge de l'enfant, sa situation comme père ou comme époux ; la *potestas* sera aux mains de l'aïeul sur toute la descendance. Cette perpétuité est caractéristique ; elle ne disparaît qu'après Justinien et c'est d'ailleurs comme la conclusion d'une évolution très générale qui fait qu'il n'y a plus à vrai dire alors de *patria potestas*. — Dans le droit de l'ecloga(14) l'υπεξουσιος majeur de vingt ans peut mettre fin à la puissance paternelle par un acte de sa volonté unilatérale ; il s'y soustrait encore en droit lorsqu'il y échappe en fait : la *separata œconomia*, le mariage contracté par lui et dont naissent des enfants le rendent αυτεξουσιος. Le mouvement vers cette émancipation par *separata œconomia* dut d'ailleurs commencer de bonne heure. Déjà sous Dioclétien, on éprouve le besoin de déclarer spécialement que le *nudus consensus* du père ne suffit pas à lui seul pour émanciper (15) ; puis le mariage ne met fin à la *potestas* que si des enfants en sont nés ; enfin Léon déclare (16) que cette dissolution de la puissance pa-

14. Ecl. II. ξ ed. Zachariæ, p. 18.

15. C. 3. (8. 49)

16. Leo. coll. II nov. 25. C'est ce que Dernburg(Pandekt. III. 2° éd. § 31, p. 60) appelle le système germanique après réception du droit grec. Est-ce une survivance du godanavidhi ? —

ternelle sera définitive. Il consacre ainsi et à la fin du droit Romain, comme un retour singulier vers une solution qui avait été celle du vieux droit arien et de la Grèce. La souveraineté paternelle a évolué vers un pouvoir de protection.

§ III. — Elément de droit privé de la potestas.

Par hypothèse la *potestas patria* embrasse sous un premier aspect un élément de droit privé : elle est A) un droit de quasi-possession sur la personne de l'enfant, B) un droit de jouissance et d'usage.; suivons ces deux divisions.

A. — *Droits de quasi-possession.*

A. — Le père a-il un droit de quasi-possession sur la personne de l'enfant, droit qui comprendrait celui de garde et d'éducation ? — Les textes suggèrent cette hypothèse (17) ; elle est cependant contestée (18) : les fragments de Paul (19) et d'Ulpien

---

cela est possible ; il est concevable aussi que les mêmes nécessités pratiques conduisent à des résultats juridiques analogues.

17. F. 1₃. (43.30) lib. exh. « si vero mater sit quæ *retinet* » et ff. 3₄. 3₅. ht. — 38₉. V. O. 33ₚ. (9. 2) Paul.

18. On ne peut posséder un homme libre et arg. f. 1₈ (41.2) « nec ad rem pertinet quod ipsum non possidemus, *nam nec filium*, en ce sens Savigny. Besitzrecht § 9. 26.

19. f 33ₚ. (9. 2.) qui filium naturalem.. possidet et f 63. (35. 2.)

qui emploient les termes *possidere et retinere*, nous
permettent de l'admettre provisoirement, sauf à rechercher I) si les garanties accordées par les textes
au droit du père justifient notre hypothèse sur la nature de ce droit.

Ulpien les résume en un texte celèbre (20) où figurent côte à côte : a) un *prœjudicium* b), deux in-
dits c), une *cognitio prœtoris* d), une *vindicatio causà
adjecta.*

Il ne semble pas qu'Ulpien suivît dans cette énumération un ordre historique (21), encore moins un
ordre logique : reprenons donc l'une après l'autre
les quatre garanties qu'il indique ; peut-être que
leur analyse nous permettra II) de nous prononcer
sur leur valeur juridique et historique.

I. — a. prœjudicium (22).

Prœjudicia, prœjudiciales actiones (23) représentent

20. § 1 . R. V.
21. Karlowa. R. R G. p. 99·
22. Bethmam Hollweg. II. § 97. p. 327. sqq.
23. Ce terme convient spécialement aux questions d'état :
13. J. 4. 6. B. H. p. 330 une évolution d'ailleurs est concevable : l'état des personnes aurait d'abord été un *jus* garanti

des actions sans *condemnatio* tendant seulement à obtenir la solution d'une question par le juge (24). Une interrogation lui est adressée dans *l'intentio* qui est toute la formule.

Peut-être qu'on arrivait sous le système des *Legis actiones* à un résultat analogue en soumettant la question au juge sous la forme d'une *sponsio*. A l'époque d'Ulpien la question n'est pas douteuse : il s'agit de savoir qui de deux citoyens a la puissance paternelle sur tel autre : un *præjudicium* que tout intéressé (24) pourra provoquer (25) donnera une réponse définitive.

par une actio sacramenti in rem portée devant les Cvirs ; il en serait ainsi jusqu'à la fin de la république (arg. Cic. orat. I. 38.) ; depuis Auguste apparaît au contraire la « *status contro-versia* », la formule demeurant d'ailleurs conçue *in rem*, et appelée même *vindicatio* (ff, 3p. 32. (40 12).

24. Les status quœstiones sont-elles des judicia ou des arbitria ? — Savigny (syst. t. v. p. 480.) Fait de tout les præjudicia à l'exception du præj. libertatis des arbitria en argumentant de leur origine prétorienne. Cela paraît contestable ; on peut soutenir au contraire avec B. H (p. 343. l. c., que la distinction rappelée n'existe qu'en les matières où un intérêt pécuniaire est en jeu.

24. Il est remarquable que dans les questions de liberté, la cité intéressée, le maitre ou le patron est seul « contradictor justus » (C. 1. 7. 14. C. 4. 7. 9. f. 3. (40, 16), on veut restreindre la possibilité d'une collusion qui pourra être poursuivie pendant 5 ans (f. 1. 40. 16). Le status familiæ est ici chose privée.

25. Celui qui inscrira sa prétention dans l'intentio aura le rôle de demandeur. ff. 6. (40. 14). 12. (44. 1).

3.

b. — *Les Interdits.*

Ulpien [26] nous apprend que deux interdits sont
donnés au père : *de liberis exhibendis* et *de liberis ducendis.* On cherche : α) la valeur de ces deux interdits ; 6) leurs rapports ; γ) leurs effets. Il y a sur ces
points controverse et quelque doute.

α. — Ubbelohde [27] établissant la classification
générale des interdits, remarque que ceux-ci sont
donnés, *de rebus mobilibus, privatis, singulis ;* cela
est certain. Mais Paul [28] indique une autre division
des interdits : les uns, *continent rei persecutionem,*
les autres non. A) les premiers, 1) *habent proprietatis causam ;* tels ceux qui touchent *rebus sacris et
religiosis,* ou 2) *habent veluti proprietatis causam ;* tels
ceux qui touchent *ad rem familiarem ;* B) les seconds
habent possessionis causam. Or nos deux interdits
rentrent dans la seconde classe du premier
groupe [29]; qu'est-ce à dire ?

26. F. 1ₚ. 43. 30 et f. 3 p. lit.
27. Dans Glück, Comm. Pandekt I, p. 37.
28. F. 2₂. (43. 1).
29. Item illa de liberis exhibendis, dit le texte. Schmidt
(Interdik. p. 89) remarque que les mots « de lib. exhib. »
sont vraisemblablement une glose tombée dans le texte, (et
Rudorff. Zch. S. Stif. XIII. (1846) p. 240. — Leist. Bon. pos.
vol. I, p. 371), car il faudrait sans cela qu'il y eut plusieurs
interdits de lib. exhib.

Schmidt (30) interprète ainsi la pensée de Paul :
Les interdits *rei persecutionem continentia* ont un
point commun ; l'obligation qu'imposera la sentence
interdictale dépend d'un droit préexistant et cor-
respondant. Cette notion est antithétique à celle de
beaucoup d'autres interdits : ceux-ci sont basés sur
de simples faits lesquels ne pénètrent dans la sphère
du droit que par la protection interdictale.

Ainsi les deux interdits *de liberis* seraient la réalisation du droit paternel, et voilà pourquoi ils auraient
veluti proprietatis causam.

Ubbelohde a dirigé (31) contre cette théorie une
critique pénétrante : notamment, les interdits *de
locis sacris* et *religiosis* sont, dit-il, rangés par Paul
parmi ceux *qui proprietatis causam continent* ; or les
rapports qu'ils protègent ne pénètrent que par ces interdits dans la sphère du droit (32). Il y a d'ailleurs
des interdits *quæ possessionis causam continent* et qui
conduisent à une décision sur le fond du droit ; l'antithèse visée par Paul serait donc bien plutôt entre
le définitif et le provisoire : La *causa possessionis* embrasse les relations sur lesquelles l'interdit ne pro-
met qu'une solution précaire, qu'un autre moyen de

30. Interdikte, p. 86.
31. Comm. Glück, I, p. 94. sq.
32. Arg. f. 23₁. R. V. « in rem actione peti non possunt »
même arg. pour les flumina publica (Ubbelohde, p. 94, n. 7).

droit pourra infirmer (33) ; la *causa proprietatis*, vise
ceux qui conduisent à une solution.définitive et, en
ce sens, on a le droit de dire que de tels interdits
sont rei persécutoires, le mot *persecutio* (34) indiquant par lui-même la nature définitive de la décision. Ainsi (34[a]) les interdits, *juris tuendi causa pro-
posita*, embrassant au moins *veluti causam proprietatis* (35) conduisent à une solution définitive sur le

33. Ex : la vindicatio exercée postérieurement par celui qui
a succombé dans un interdit retinendæ possessionis.

34. « rem persequi » ne peut signifier ici la même chose
que dans « actiones rei persequendiæ causa comparatæ » car
il faudrait dire que les interdits qui ont une causa possessionis correspondissent aux actions pœnæ persécutoires ; mais
cela est inexact par exemple pour les interdits prohibitoires,
et abstraction faite bien entendu de la pœna sponsionis. —
L'expression caractéristique dans les mots « rem persequi »
serait donc non pas *res* mais bien *persequi*, *persecutio*. On
rapprocherait par exemple, pour marquer son sens de décision définitive les expressions « parta ex causa judicati persecutio », et « initium alterius petitionis » dans f. 40ₚ. 4. 4. et
aussi les termes petitio persecutio de la Lex Urson. c. 74. 75.
81. 92. 93. 104. 125. 126. 128. 129. 130. 131. 132. et lex Malac,
58. 62. 67. — Cela reviendrait à donner ici à res le sens que
prend ce terme dans bonorum possessio cum ou sine re (Ulp.
23.16 — 28. 13). — celui de effectus, d'action définitive, « end-
gültiger Wirkung » dit Ubbelohde.

34[a]. Ubbelohde. *l. c.* I. § 1835 a. b. 13, p. 100. et f. 2₁. (43.
30).

35. Il faut justifier de sa qualité de paterfamilias f. 1₁. 3₁ ht.

fond du droit (36); cela résulte de notre discussion
et d'autres textes le confirment (37). Par la procédure des interdits, le débat sur la puissance paternelle sera tranché au fond et *erga omnes*.

Il le peut être en deux sens suivant qu'il s'agit de
l'interdit de *liberis exhibendis* ou de l'interdit de *liberis
ducendis*. Examinons les successivement.

1) ... *ita eum eamve exhibeas*, dit le préteur ; qu'est-
ce à dire ? — *Exhibere* (38), c'est donner au demandeur la possibilité d'appréhender la chose, spécialement, s'il s'agit d'un homme libre (39), c'est le pro-
duire en public.

L'obligé est donc celui qui a l'enfant en son pouvoir ou qui a cessé de l'avoir par dol (40), le pouvoir de ce tiers sur l'enfant étant d'ailleurs entendu
d'une façon très large (41). Ainsi notre premier in-

---

36. En ce sens du moins que la décision peut être conçue
comme définitive et sauf par exemple l'effet des exceptions
qui peuvent la suspendre ou la paralyser.

37. Ubbelohde. *l. c.* § 1839. a. 118. f. 1₄. ht.

38. F. Ulp. 3₆. 43. 5.

39. F. Ulp. 3₃. 43. 29. Ubbelohde § 1836 a 1, 201. Cf. les
trois autres définitions légales ff. 2. ad. exh. 22, 246 VS. relatives à l'action a. e. (Demel. p. 53).

40. F. 1ₚ. 43. 30. Lenel, ed perp. §§. 232. 263.

41. Il suffit pour l'interdit que l'enfant fut chez le tiers au
sens de « apud quem » dans Ulp. f. 63. VS. antithétique au
penes du f. 3₂ (43. 5.) t. e. (sic Ubbel *l. c.* § 1837. 59. p. 342).

terdit est exhibitoire (42).

Un fragment d'Ulpien (43) va plus loin : il met à la charge du défendeur une obligation de restituer. Des auteurs (44) rejettent le texte comme fautif ; cela est très expéditif ; on ne soutient même pas qu'il fût interpolé. D'ailleurs un autre texte le confirme : les enfants, nous dit le même Ulpien, sont réclamés, recouvrés par des interdits, *petuntur interdictis* (45). Ainsi notre premier interdit est exhibitoire et restitutoire.

2)... *Deinde ait prætor* (46) : *si L^s T^s in potestate L T^{ii}* est *quominus eum L° T° dicere liceat, vim fieri veto.* Cet interdit, pertinet *ad ductionem* ; le premier était exhibitoire et restitutoire, celui-ci est prohibitoire (47).

On dira ainsi que le tiers *retinet filium* ; mais l'interdit serait « inutile » si le fils était chez ce tiers *sua sponte*.

42. F. 3$_1$, Ulp. ht. pertinet ad exhibitionem liberorum.

43. F. 1$_2$. Ulp. ht : sed omnimodo restotuendum putavit si in potestate est.

44. Demelius, Exhib. 246. sq. arg : on ne conçoit pas en notre matière un arbitrium restituendi et c'est pour cela qu'une formula petitoria de vindicatio ne peut avoir lieu, et que l'actio ad. exhib. est impossible vu l'absence de judicium directum, donc le « nisi N^s A° restituet » est inadmissible et le texte est fautif. sic Schmidt interdik p. 49. n. 27. et Lehrb V. Gerichtskl § 410.

45. F. 1$_2$. RV. en ce sens. Brinz, Pandek. § 458. p. 607. Cf. Keller. p. 343. n. 867.

46. FF. 3$_p$. ht. 1$_1$ (25. 4), 1^5 (25. 4).

47. F. Hermog. 2. ht. nous indique l'existence d'un inter-

Si le père établit en droit sa *potestas*, il pourra emmener l'enfant, *ducere* ; le préteur le protégera.

Contre qui, et quel est le défendeur?

Demelius (48) pense que le second interdit est la réalisation de la *patria potestas* contre le fils lui-même ; Ubbelohde (49) arrive à une conclusion analogue. D'autres auteurs (50) estiment que l'interdit

dit analogue de uxore exihenda sur lequel on sait peu de chose. L'élément de comparaison nous fait donc défaut. (Demel. *l. c.* 249).

48. Exhib. 247 : « à la vérité il n'était besoin, tant que la « résistance, la lutte contre la puiss. pat. ne venait que du « fils tout seul, d'aucun interdit, mais une notio Prætoris in-« tervenait en cas de besoin. Un judicium devient nécessaire. « s'oppose à la ductio, cette opposition apparaissant comme « un defendere du ducendus » arg. ff. 3₃ ht. 8 prob.

49. *L. c.* p. 306. arg. f. 3₃ ht : le second interdit suppose que le fils soutient lui-même sa liberté *et que le tiers n'est que defensor*. Münderloh (Sav. stif. IV. 83). critiqué par Ubbelohde s'en rapproche au fond : « ce dernier interdit (ducere) était inutile si l'enfant litigieux était sous la garde de l'adversaire.. il fallait employer d'abord le préparatoire, exhibitoire pour prendre l'enfant sous sa garde et demander alors la ductio par le prohibitoire. »

50. Brinz. Pandekt. § 458, p, 607, sq, contre Demelius — et Karlowa. R. R G. p. 99. le præjudicium seul peut être dirigé contre l'enfant. — et B. Holl.w. II, p. 344, contre l'enfant lui-même le père se dut protéger par la force privée, puis par le secours du magistrat arg. C. 3, 8, 47. ff. 9₃ 1. 16. 3₃ 4. ht. Schmidt, Interdick 84 : « l'interdit n'est jamais donné

exhibitoire et restitutoire *de liberis exhibendis* est, comme le prohibitoire, dirigé contre le tiers et lui seul car on ne conçoit pas le débat entre un père et le fils *in potestate*, deux textes le disent expressément (50ª).

Mais alors nos deux interdits ne font-ils pas double emploi, le premier étant déjà restitutoire ?

Il semble qu'on peut cependant maintenir les principes posés sans que l'interdit prohibitoire fût inutile : un fragment de notre titre (51) suggère une solution en ce sens.

L'enfant est chez un tiers, mais il y est *sponte sua* ; nul autre que lui-même ne lèse actuellement et en fait la puissance paternelle. Venuleius nous dit que l'interdit prohibitoire 52) sera inutile. Car contre qui pourrait-on l'intenter ? — Contre le fils lui-

contre l'enfant » arg. 3₃ ht. Cf. encore les anciens auteurs dans Matthæi vesenbeccii comm. in pandect. ad 43 30.

50ª. FF. Gaïus 4. (5. 1). 17ₚ (47. 2) et C 3. (8. 47).

51. F. Venulejus 5 (43. 30).

52. Le f. 4. ht. parle de l'interdit *de filio ducendo* et le f. 5. Venul continue : hoc interd.... Il faut supposer que es commissaires de Justinien ont pris la peine de lire les f. qu'ils transcrivaient, que le f. de Venul. traite par conséquent du même interdit prohibitoire : aux adversaires incomberait la preuve contraire, or les mots, exhiberi qui figurent dans le texte s'expliquent dans notre hypothèse. Cf. Pfersche, Interd. p. 152.

même ? — Cela est inconcevable (53) ; Gaïus nous en
donne la raison : *lis nulla nobis esse potest cum eo
quem in potestate habemus.* — Contre le tiers chez qui
l'enfant se retire *sua sponte ?* — Cela est impossible
en principe pour un motif contesté, mais peut-être
qu'il y a ici une exception certaine à ce principe.
— Entre les interdits prohibitoires et les interdits
exhibitoires et restitutoires y a-t-il en effet une différence essentielle ? La majorité des auteurs (54)
tient l'affirmative. Pour qu'une partie pût obtenir
la délivrance d'un interdit comme pour qu'on pût
intenter une action, une condition est, dit-on, nécessaire : il faut qu'il y ait un droit lésé, une *passiv legitimation,* disent les allemands. Or il en est ainsi
pour les interdits restitutoires et exhibitoires, mais

53. Y a-t-il une exception au principe lorsque l'enfant dont
s'agit a recueilli une hérédité ? — en ce sens Burchardi lehrb.
§ 95 et Bethm. Holw § 97. n. 89. — Le fr. 4. Afr. ht. sous-
entend-il cette distinction ? — Cela est possible : on suppose
que le fils se prétend sui juris ; le jurisconsulte indique alors
deux moyens de droit : de hereditate agi, ad interdictum de
filio ducendo iri. — Il est probable qu'Africain avait parlé
antérieurement d'un tiers s'opposant au ducere, sans cela la
solution contraire du f. 5 se comprend malaisément ; on m'argumente ici que d'une simple réticence contre des textes for-
mels comme celui de Gaïus.

54. Cités dans Pfersche. Interdik § 1. surtout ; Keller. (Zch.
f. g. R. w. XI. p. 312 sq.) et Beth. Hollweg. — *contra* Schmidt
Interdickt, passim et Pfersche Interdikte p. 150 sqq.

on admet au contraire qu'il en va autrement de l'interdit prohibitoire ; l'ordre prétorien peut ici créer un droit ; il sera antérieur à toute lésion de fait d'un droit préexistant, il sera donné *in futurum*.

Mais Pfersche a démontré, semble-t-il, de façon irréfutable la vanité de cette distinction, et notre texte d'ailleurs confirme cette théorie puisque l'interdit prohibitoire ne peut être en principe délivré contre le tiers qui ne lèse pas de droit.

Est-à-ce à dire qu'il ne sera jamais délivré en de telles circonstances, que par conséquent il faut, ou rejeter le principe posé par Gaius et admettre avec Demelius un procès entre un *paterfamilias* et son subordonné, ou dire qu'entre l'interdit *de liberis ducendis* et l'interdit *de liberis exhibendis* restitutoire et exhibitoire la distinction est impossible à marquer en l'état des textes et décidément énigmatique ? — Non, l'interdit prohibitoire peut être donné utilement contre le tiers ; il y a ici une exception particulière au principe que la délivrance d'un interdit postule la lésion antérieure d'un droit préexistant, (*passiv legitimation*). — Les deux parties prétendent la *patria potestas* ; aucune d'elle n'a la possession de l'enfant et chacune voudrait employer contre l'autre l'interdit restitutoire et exhibitoire si l'une d'elles détenait le fils litigieux ; alors et par exception, l'interdit prohibitoire aura lieu ; le demandeur fera intimer par le préteur au défendeur l'ordre *in futurum* d'avoir à l'avenir à ne point s'opposer à ce que le demandeur exerçât la *ductio* (55). Il est certain qu'alors la *sponsio si contra edictum non exhibuisti*, ou *non restituisti* et le *secutorium* ne se comprendraient pas puisque la *facultas exhibendi* fait défaut ; il y a un domaine de l'interdit prohibitoire distinct de celui du restitutoire et exhibitoire l'enfant ne figurant cependant nulle part comme partie au procès.

D'autres hypothèses sont concevables : le tiers peut s'opposer purement et simplement au *ducere* paternel sans prétendre lui-même un droit ; on brisera cette résistance (55a). En tout cas la présence d'un tiers est nécessaire car, comme le dit un texte (55b)

---

55. De même façon que la rei vindicatio, ou la petitio hereditatis peuvent être organisées même si le reus ne possédait pas la chose ou ne détenait rien de l'hérédité ; dans les interdits doubles encore on chercherait de tels cas exceptionnels de procédure interdictale sans passiv legitimation. — Pfersche. *l. c.* p. 153 sqq.

55a. — « Peut-on soutenir sérieusement (dit J. Kappeyne de Coppello Arhandl z. romisch, st. u. Priv. recht. heft. II, p. 128, Stuttg. 1885) que dans l'interdit de liberis prohibitorium, autre chose fut exigé que la défense verbale faite in jure à la personne exhibée de suivre l'adversaire ? » — Cela se rattache à la question des rapports des deux interdits dont l'un serait *præparatorium* (*infrà* chif. 6). — En ce sens : Brinz. Pand. 608, arg. f. 3, ht. Cf. Windscheid. Pand. § 520 n. 6.

55b. F. Ulp. 3, (43 30).

hoc interdictum competit non adversus ipsum filium.

Telle est la notion précise de nos deux interdits
6). — On demande quels sont leurs rapports.

Demelius (56) admettant que l'interdit prohibitoire est dirigé contre l'enfant, l'exhibitoire contre
le tiers, que de plus l'exhibitoire n'est pas restitutoire, complète nos deux interdits l'un par l'autre ;
cela est aisé : on a retiré au premier tout ce qu'on
voulait mettre dans le second ; le père a obtenu l'exhibition, il veut davantage, la restitution : c'est à
cela que sert le second interdit ; cette procédure est
une pièce en deux actes, le premier est préparatoire (57) du second.

Cette théorie est contestable ; elle repose sur le
caractère purement exhibitoire du premier interdit ;

56. L. c. p. 248. — Cela est nécessaire suivant Démelius
parce qu'un homme libre ne peut jamais être l'objet d'une
restitution : en effet il se peut faire que le prétendu fils récla-
mé par A et par B soutint lui qu'il fût sui juris ; il faut lui
permettre de justifier de sa qualité ; ainsi, si l'exhibé ne suit
pas volontairement le demandeur à l'exhibition le second interdit sera délivré contre l'enfant. — Munderloh. (*sup. α*. n.
48), s'arrête à une conclusion voisine. — En ce sens encore Wesenbeccius, *l. c.* — Bethmann-Hollweg et Bekker sont conduits
à la même théorie par leur système des interdits dérivés du
pouvoir de police du magistrat, donc toujours préparatoires
ou accessoires d'un Litige. (Ubbel. *l. c.* § 1839, 107).

57. F. Ulp. 3, ht. « prius interdictum prœparatorium est
hujus interdicti. »

cela est inexact (58 . De plus, l'interdit exhibitoire
tranche certainement de *plano* la question d'état
erga omnes (58ª) il faudrait donc supposer une rela-
tivité exceptionnelle de la chose jugée à l'égard du
fils; cela est arbitraire. Le texte invoqué par Demelius ne signifie pas d'ailleurs la stricte relation procédurale que cet auteur y veut voir; il suffit pour
l'expliquer qu'une relation fût concevable entre nos
deux interdits; or elle existera, comme le remarque
Ubbelohde si, en fait, après le triomphe de l'exhibitoire un fait nouveau se produit, si la *ductio* est
paralysée par la résistance d'un tiers ou si l'on redoute une telle résistance. Cela est possible, non
nécessaire.

Cette théorie est admissible ; elle n'élucide pas
toutes les difficultés, au moins ne sacrifie-t-elle aucun texte tout en plaçant en face l'un de l'autre et

58. (*Sup. α.* n. 43. 44. 45.). Ubbelohde répond à l'argumentation générale de Bekker et Bethmann-Hollweg (*sup.* n.
56) affirmant a priori la relation procédurale des deux interdits : 1) l'interdit de homine libero exhib. très analogue à
notre exhibitoire n'est certainement pas préparatoire d'un débat au fond (*l. c.* p. 301. arg. f. 3₇. 43. 29 : si dubitat utrum
servus. recedendum est ab interdicto). — 2) Il en va de même
pour nos deux interdits, de même encore pour l'interdit de
liberto exhibendo qui peut devenir parfois préparatoire de
l'actio operarum (arg. f. 13₂. 38.1.) mais qui ne l'est pas toujours.

58ª. *Suprà.* chif. ʏ, n. 28. 34. 37.

en des domaines distincts les deux interdits, l'un prohibitoire, l'autre restitutoire et exhibitoire.

γ. — Comment ces interdits réalisaient-ils le droit paternel? Le demandeur victorieux obtenait-il toujours en nature, l'*exhibitio*, la *restitutio*, la *ductio* ?

La question est générale, elle se résoud par les principes. Y a-t-il eu sous le règne des actions de la loi une période où les interdits *decretalia* et non encore *edictalia* (59) reçûssent directement de par l'*imperium* du magistrat une exécution en nature ? — Cela est possible (60). Sous la procédure formulaire, les interdits restitutoires et exhibitoires comportent soit la procédure *cum periculo*, avec la double *sponsio*, et le *judicium secutorium*, soit une formule arbitraire promettant absolution au défendeur s'il exhibe ou restitue *jussu judicis*. Les interdits prohibitoires au contraire comportent nécessairement la procédure *cum periculo*. Ainsi, et à l'époque classique, l'interdit prohibitoire aboutira toujours à une condamnation pécuniaire (61), basée sur le *quanti ea res erit* ;

---

59. Selon l'expression de Brini, Archiv. jurid. t. XXI, 213 sq. ; les bonorum possessiones sont ainsi édictales ou décrétales.

60. En ce sens. Bethmann-Hollweg, I, § 54. — Keller, p. 22. Machelard, etc..

61. G. IV, 164. ff. 2_{44}. 7. 43. 8 ; 3_{13}. 43. 29.

le *jussum* de l'interdit exhibitoire sera-t-il au con·
traire sanctionné en cas de *formula arbitraria,* outre
le *juramentum in litem,* par une exécution forcée directe ? — La question demeure ouverte (62). Au moins
est-il probable que jusqu'au III° siècle (63) la condamnation fut pécuniaire.

c. — *Cognitio prœtoris.*

... *Aut cognitione prœtoria*..(*petuntur liberi,*)continue
Ulpien (64). Une *extraordinaria exsecutio* reposant sur
le *jus potestatis* du magistrat se conçoit ici naturelle-

62. Cf. L'exposition complète de la controverse dans Massin :
Le caractère pécuniaire des condamnations en droit romain.
Paris, 1893. — Si, comme Lenel semble l'avoir démontré de
façon décisive, le f. 68. RV, est emprunté au liv. 51 Ulp. ad
sabinum, de judiciis, on ne voit guère de raison de penser
que ce texte fût interpolé, surtout quand on le rapproche du
f. 21₁. 39. 1, ni qu'il se référât aux fidéicommis ou à la cognitio extraordinem. — *Contrà* Ubbelohde *l. c.* II, § 1838 e. 105 :
p. 273, sqq, la condamnation du judicium secutorium et de
l'actio arbitraria sont pécuniaires pour lui arg. ff. 2₁₃. 43.
29. — Cet auteur pense même que l'exécution en nature est
exclue dans les interdits populaires (p. 274-276) ; il estime du
reste que le f. 68. RV, est interpolé.
63. Keller, Ortolan, Accarias.
64. 1₂. RV ,et f. Ulp. 3₁. 43. 30, quotiens id interdictum
movetur de filio ducendo, *vel cognitio...* »

ment (65). Le *jus* et le *judicium* se peuvent réunir,
les parties ne seront pas renvoyées devant un juge,
le préteur statuera au fond, il assurera lui-même
l'exécution de la sentence.

On peut soutenir que la possibilité de cette *notio
prætoris extraordinem* est en la matière des interdits
un principe général (65 b), que le préteur ne s'abstiendra que si l'intérêt purement pécuniaire du litige ou l'exécution forcée du *jussum* dans la formule
arbitraire rendaient son intervention inutile (66).

65. Sans avoir besoin de recourir à une survivance d'un
droit originaire du magistrat de créer l'interdit « decretalis »
(Ubbel. *l. c.* t. II, p. 381, § 1839. 115. n. 97) comme le soutient
Pernice (in festgaben für georg. Beseler, p. 54, n. 3), ce que
nul texte ne confirme; l'interdit demeure le procédé normal
comme l'indique du reste le fr. 5_{27}. (36.4).

65.b — Il y a des matières dont le magistrat ne peut con-
naitre ainsi [c 2. 3.3], où la sentence rendue contra solitum
ordinem n'aurait pas autorité de chose jugée [c. 4. 7. 45.];
il n'en est pas ainsi sur les points réglés par les interdits:
cela résulterait déjà de l'intitulé du tit. I, liv. 43: de interdictis, sive extraordinariis actionibus que pro his competunt:
des textes nombreux le démontrent pour des cas particuliers
ff. 1_2. 25.5.; 1. 25.4; 3_p, 43.4; 5_{27}. 36. 4; 1_1. 43. 5; 7. 43. 8;
1_2.43.32, ils établissent le principe de l'option possible pour
le magistrat entre l'interdit formulaire et l'extraordinaria exsecutio dans presque tous les cas où un intérêt d'ordre public
ou une raison d'équité imposaient l'intervention de son imperium.

66. Ainsi dans le cas du f. 1_2.35.5. : coget.. non manu mi-

Elle dut donc remplacer surtout l'interdit de *liberis ducendis,* au moins à partir du moment où le *jussum* de l'interdit exhibitoire put être exécuté directement et lorsque l'interdit prohibitoire lui-même n'était pas donné *in futurum.*

Le magistrat appréciait en sa conscience l'opportunité du choix entre les deux procédés (67). Il y a d'ailleurs une hypothèse ou l'*exsecutio extraordinem* ne concourt avec aucune autre voie de droit, c'est si l'on admet le système auquel on s'est arrêté plus haut, celle où le père demandeur se trouve en face du fils tout seul non assisté d'un tiers *defensor* qui résistât actuellement ou dont on put redouter une résistance.

d. — *Vindicatio causa adjecta.*

Note texte continue : *per* (R. V.) *liberæ personæ non-*

nistrorum, sed melius et civilius faciet si eum per interdictum ad jus ordinarium remiserit.

67. C'est ce qui peut expliquer que Pothier (Pandect. Justin § 15 interd.) et Cujas (Obs. V. 17) enseignassent que dans les interdits [le magistrat condamnât ad ipsam rem. — Hartmann Ubbelohde (ordo judiciorum t. I, 13, n. 13, p. 494) pose en principe que la cognitio extraordinem eut lieu lorsque l'enfant litigieux était seul en face du père et qu'un tiers defensor ne se présente pas. Il est certain que la cognitio avait lieu en ce cas ; on ne voit nul motif de la réduire à cette hypothèse.

petuntur... et ita Pomponius, nisi forte inquit, adjecta causa quis vindicet...

On se demande α) quel est le sens des mots, *adjecta causa*, 6) si l'assertion d'Ulpien est intelligible à son époque.

α. — Il semble que pour entendre précisément les termes d'Ulpien il faille (68) se reporter avec Bechmann (69) à l'époque de la *legis actio sacramenti in rem*. Le demandeur est *in jure* avec la chose ; il se l'est procurée ; il dit : *hunc hominem meum esse aio secundum suam causam* (70). Qu'est-ce à dire ?

68. L'explication de Muther (sequestration, p. 392) appliquant « adjecta causa » aux mots « ex jure romano » et « ex lege quiritium » qui suivent est généralement rejetée ; il s'agit de savoir ce que signifient ces termes appliqués à « filium suum vel in potestate ».

69. Aug. Bechmann : studie in der gebiete des legis actio sacramenti.

70. G. IV. 16. — Pour Bechmann la Rv. est une pièce en deux actes : dans le premier le vindicant affirme son droit en public, le proclame à la cantonade ; pour cela il a amené la chose in jure, il se l'est probablement procurée par la violence car il n'y a pas de procédure ad exhibendum ; pour ne s'exposer pas à être traité comme un voleur il va affirmer devant le magistrat que l'homme est à lui. Il attend maintenant son adversaire. Celui-ci survient avec la festuca ; l'instance devient contradictoire ; le vindicant impose sur la chose la vindicte ; cela correspond au *in jure manum conserere*. — On peut sans entrer dans le fond du débat sur le point de savoir si Gaius a eu tort de considérer l'action comme contradictoire

Causa signifie-t-il le mode d'acquisition? — Alors le *postulo anne dicas qua ex causa vindicaveris* obtient une réponse inintelligible, une ironie, un défi : *jus peregi*, etc... — Les mots *secundum suam causam* doivent avoir un autre sens, une portée d'instruction, pour spécialiser en des cas concrets la R. V. *Homo* peut être revendiqué soit comme esclave, soit comme enfant soumis au *mancipium*, soit comme fils de famille ; le demandeur proclamant son droit devant le magistrat précise ce droit sauf à se référer en suite à sa déclaration lorsqu'il dira plus tard à son adversaire : *sicut dixi, ecce vindictam imposui* et *jus peregi*, etc...

6). -- Or peut-on concevoir cette procédure. Elle est possible sous les L. A. Mais sous quelles conditions au temps d'Ulpien l'interdit peut-il être remplacé par la *filii vindicatio* ? se conçoit-elle avec une *formula petitoria* ? (71).

Des auteurs (72) estiment que la R. V. s'applique

d'un bout à l'autre, accepter, semble-t-il l'explication de Bechmann sur ce mot causa.

71. Si oui il faudra conclure que l'interdit exhibitoire et une énigme car pourquoi ne donnerait-on pas l'actio ad exh. là où il y un judicium directum ? Ce ne serait pas à coup sûr à cause qu'on ne peut apprécier le q. e. r. e. puisque le secutorium de l'interdit suppose cette appréciation.

72. Muhlenbruch (Doc. pand. § 562, ed. Bruxel. 1838, p. 515) le père peut vindicare filium par la formula petitoria ; — et

sous le système formulaire sans déformation sensible au rapport de *potestas* en indiquant seulement la nature spéciale du droit garanti. Savigny (73) pense au contraire que notre *vindicatio* fut une forme solennelle du *præjudicium* de paternité portée devant les centumvirs. Ces solutions paraissent contestables. Pourquoi, si la *vindicatio filii* est le droit commun, les expressions dubitatives d'Ulpien dans notre fragment et pourquoi pose-t-il en principe d'une façon absolue *per R. V. liberæ personæ non petuntur* ? — Qui nous assure même que la seconde partie du texte ne put viser la *vindicatio* fictive de la formule d'adoption ? — Il faut qu'il en soit ainsi, **car** la première partie du texte dit de façon trop décisive que l'action n'est pas admissible pour que l'on pût voir dans une phrase qui n'imposerait à la formule qu'une simple modification liturgique autre chose qu'une absolue contradiction.

L'explication de Savigny est encore hypothétique car (74) on ne nous dit nulle part que depuis la *lex*

Donelli, comm. II, c. 25, § 7, sqq — suivant Lenel, éd. perp. § 69 n. 9 la formule doit être : si paret A^m A^m L^a T^a filium esse etc.. Brinz. Pandek. § 458 argumente en ce sens de la formule fictice de l'adoption, dans G. I, 134. — Cf. encore, Keller, § 41 Muther, Sequestr., p. 392. Glück, Comm., vol II, p. 239, pense que les interdits et la vindicatio concourûssent.

73. Savigny. syst. B. V. p. 21 sq. § 207 note m.

74. Ubbelohde *l. c.* I, p. 101. § 1835 a. b. 13. — *Contra*

julia judiciaria on portât devant le tribunal des centumvirs d'autres causes que de certaines questions
successorales.

Ainsi la *vindicatio filii* ne se conçoit pas sous la
procédure formulaire. Cette démonstration (75) paraît décisive.

Demelius qui la présente suppose qu'Ulpien se
voulût référer à la formule fictice de l'adoption.

Cela est possible, à tout le moins les expressions
de notre fragment s'y prêtent malaisément (76). Une
autre hypothèse est aussi vraisemblable : on conçoit
qu'on choisît la *vindicatio* à la place de l'interdit exhibitoire et restitutoire lorsqu'il ne s'agissait pas
seulement de provoquer une décision sur la puis-

Wlassak. röm. Prozessges, p. 207 sq. — Quant aux autres juridictions, on agissait devant elles per formulam, or dans la
procédure formulaire les prœjudicia manquant de condemnatio ne sont pas des vindicationes.

75. Demelius (*l. c.* p. 245, 246.) — On peut ajouter avec cet
auteur que dans la L. A. sacramenti les deux parties sont nécessairement en présence avec leurs prétentions contraires et
égales : le principe actore non probante reus absolvitur ne se
conçoit pas, (Bechmann *l. c.* p. 30) ; le débat amène donc toujours une solution au fond — Avec la formule petitoria au
contraire, la possession maintenant protégée, va entrer en ligne de compte, la question d'Etat dépendrait d'une question
de fait.

76. « Videtur mihi, et Pomponius consentire eum, recte
egisse.. » En ce sens Ubbelohde, *l. c.* n. 17.)

sance paternelle mais de voir statuer en même
temps sur une succession échue à l'enfant litigieux (77) antérieurement à la possession du tiers
défendeur ou depuis le commencement de sa *fides
malá*. — Cela expliquerait les hésitations d'Ulpien,
cela rendrait compte de l'absence de l'*actio ad exhibendum* en notre matière.

II. — *Évolution historique.*

Telles sont les quatre garanties de la puissance
paternelle mentionnées par Ulpien ; ont-elles apparu
successivement, quand et comment ?

L'ordre d'énumération d'Ulpien ne nous lie pas ;
l'analyse de la *filii vindicatio* le montre ; Ulpien place
en dernier lieu une garantie archaïque. L'ordre
historique a dû être plutôt : *a*) *vindicatio* ; puis, concurremment *b*) interdits et *præjudicium*. L'*exsecutio
extraordinem* a toujours pu exister. Cette hypothèse
historique est vraisemblable.

a). — La *filii vindicatio* se conçoit sous la forme
d'une *legis actio sacramenti* et elle disparaît à peu
près complètement sous Auguste. Il semble qu'elle

---

77. Bechmann-hollweg se rapproche parfois de cette opinion
(*l. c.* II, p. 330.) En ce sens deux textes littéraires. Terent Eu-
nuch, IV. 7. 35. sq. et Cicéron orat. I. 38 « jactare se in causis
C viralibus in quibus agnationum jura versentur. »

soit seule au début. La présence de la chose est
alors nécessaire à la marche de la procédure ; comment le demandeur se la procurera-t-il ? Sera-ce
par une procédure auxiliaire *ad exhibendum*, par un
interdit ? Cela est contestable. Le vindicant devait
se procurer la chose à ses risques (78). Il est possible d'ailleurs que le magistrat put le protéger
ici (79). Il ne semble pas (80) qu'un moyen de droit
spécial eut existé : cet avant procès se conçoit mal :
le *reus* y eût toujours dû succomber et comment
exécuter la condamnation (81) ?

b). — Ainsi la *vindicatio* est seule ; sous le système
formulaire, cette *vindicatio* est inutile, il y aura donc
une lacune dans le droit. Le préteur la comblera
par les deux interdits ; ils sont destinés dès le début
à conduire à une solution sur le fond.

78 En ce sens Bechmann, *l. c.* p. 12 et p. 21. — Vindicare
signifie d'abord un acte de violence dans la formule : quâ ex
causâ vindicaveris. Cela justifie la réponse : jus peregi. Le
dialogue est : pourquoi as-tu usé de violence ? — J'en avais
le droit, j'ai réalisé mon droit. La contravindicatio est une véritable consertio manuum. Cela explique encore que la possession n'influat pas sur l'onus probandi.

79. Comme pour l'in jus vocatio. sic Huschke Gaius 188.

80. Cf. Rudorff. R G. p. 130 et Krüger Krit. Versuch. p.
71, note

81. En ce sens. Demelius. *l. c.* p. 258. — Cf. Festus v° Possession : « in legitimis actionibus nemo ex i q possessionem
suam vocare audet. (cité par Rudorff. *l. c.*)

Cela est contesté (82); on soutient que dès le début le pouvoir de police du magistrat se dut manifester par des *decreta* tendant à préparer et à exécuter la sentence, et qui sont devenus ensuite et comme insensiblement les interdits. — On peut répondre en général à cette argumentation générale (83) car on ne voit pas pourquoi le magistrat ne se serait pas servi directement de son *imperium* pour trancher des questions de droit (84) au lieu de demeurer enfermé d'abord dans des relations procédurales. En notre matière d'ailleurs on est obligé d'accorder « que nos interdits ont dû changer de na-

82. Bethmann-Hollweg, I, §. 41, p. 13. « il devait y avoir un commandement prétorien d'exhibition préparatoire qui plus tard put conduire, en devenant un interdit, à la solution de la question de fond ». — Et. l. c. III. §. 54. « le magistrat intervient dès qu'un trouble justifie l'immixtion de son pouvoir *de police* ; Rome ne distingue pas la justice et l'administration et c'est là l'origine des interdits. » — En ce sens Bekker, Akt. II, p. 57. sqq. « les interdits sont des ordres qui interviennent au sujet de « processualiche Akte. »

83. Ubbelhode (l. c. §. 1839. 107, p. 301. sq.) le fait. Les interdits ne sont pas nécessairement préparatoires d'un litige ; cela est certain pour la causa liberalis et l'interdit de lib. hom. exb. (sic. Beth. H. p. 335, n. 42, arg. f. 3_7. 43. 29) ; l'interdit est exclu par le præjudicium ; Comment l'aurait-il préparé ? — (sic. Pfersche, p. 68). La relation procédurale de Bekker est donc hypothétique.

84. C'est la théorie d'Ubbelohde, l. c. p. 318 ; de Schmidt l. c. p. 304, et. Sav. stif, XV, p. 39 Dernburg. Pand. V. I. §. 128.

ture » (85) ; singulière transformation qui leur fait
trancher *erga omnes* le fond du débat qu'ils devaient
préparer !

Il semble donc qu'on ait le droit de placer la création de nos deux interdits vers les premiers temps
du système formulaire (86).

A la même époque et concurremment, l'*actio prœ-
judicialis* se serait détachée, la *vindicatio* entrant pour
ainsi parler dans le système nouveau sous l'aspect
d'une formule sans *condemnatio* (87). Cela est vraisemblable ; autrefois la puissance paternelle se pré-
sentait comme un « jus » ; le père pouvait *lege agere
erga omnes*. La chute de l'*actio sacramenti in rem*

85. Bethm.-Hollw. p. 347. n. 10 : «.. en partie avec une signification pratique transformée, par exemple, les interdits
de lib. exh. et duc. et celui de hom. lib. exh. » — On soutient d'ailleurs que l'exhibitoire est demeuré préparatoire au
moins du prohibitoire, cette opinion a paru contestable, sup.
n. 58.

86. Ou comme l'actio ad exh. entre Cicéron et la loi Aebu-
tia. Ces interdits supplétifs de l'action sont d'ailleurs, comme
le remarque Demelius plutôt postérieurs à cette action. (Demel. *l. c.* p. 259).

87. En ce sens, Beth.-Holl. II, §. 97, p. 327-330 et M. Accarias
II, p. 952 estime que notre præjudicium est avec le prœjud.
de libertate le seul qui eût une causa legitima, c'est-à-dire ne
dérivât pas du domaine de la cognitio extraordinaria. — On
se rend compte aussi de la forme conçue in rem et du nom de
vindicatio conservé par quelques textes, sup. n. 23.

transforme le *jus* litigieux en *status controversia* (87ᵃ).

Telle est, semble-t-il la valeur juridique et historique des garanties de la *potestas patria* énumérées par Ulpien.

III. — *Actio furti.*

Il y a lieu d'en ajouter une cinquième. Celle-ci ne suppose plus un débat civil sur l'existence de la puissance : un délit a été commis, l'enfant a été soustrait frauduleusement. L'*actio furti* sera donnée au père (88) pour la réparation du préjudice causé. Cette action est pénale ; les principes généraux la régissent ; le père obtiendra une condamnation basée sur le *quanti interest* (89), du double ou du quadruple à l'époque classique suivant que le *furtum* est ou non *manifestum*. En revanche la *condictio furtiva* lui est refusée (90) ; il s'agit d'une personne libre ;

87ᵃ. Cela expliquerait que certains textes ff. 3, p. 32. (40. 12.) continuassent à qualifier un præjudicium vindicatio. — Bethmam-Hollweg. *l. c.* p. 332 tire un autre argument de ce que Gaïus traite des præjudicia comme d'un accessoire du jus personarum et non à part.

88. F. 14₁₆. (47. 2.) Ulp. §. 9. J. 4. 1. — G. III. 199.

89. Théophile-paraph. ad. §. 9. « furti autem agitur in id quod interest », cet intérêt peut comprendre le montant d'une hérédité devolue au fils sous condition de sa présence en un certain lieu. — En ce sens. Desjardins, Traité du vol, p. 69, 70.

90. F. Pomponius, 38. p. (47. 2.).

la *condictio furtiva* n'appartient jamais qu'au propriétaire de la chose ou à celui qui a sur elle un droit
réel (91). La *vindicatio*, plus tard les interdits, l'*exsecutio extraordinem* permettront seuls au père de recouvrer la détention de l'enfant (92).

IV. — *Limites du droit.*

a). — La *patria potestas* embrasse-t-elle comme
élément juridique au moins *lato sensu* un droit de
quasi-possession ? L'affirmative résulte des textes
analysés. Le *paterfamilias* a le droit de maintenir
l'enfant chez lui ; il fait valoir ce droit contre les
tiers qui s'y opposent ou qui menacent de s'y opposer. La *legis actio sacramenti* remplacée par les deux
interdits et l'*actio prejudicialis*, l'intervention du magistrat lui en fournissent les moyens juridiques.

b). — Tel est le premier élément de la *potestas*.
Le droit du père est armé en guerre, il triomphera

---

91. F. 1. 12$_2$, cond. furt. f. 12$_5$. (7. 1.). C'est la raison donnée par Vinnius, comm. ad § 9. j. 4. 1. Cf. encore Glück
comm. vol. II. p. 239, n. 28.

92. Faut-il chercher la raison d'être de cette *actio furti* dans
l'analogie de la situation des esclaves et des personnes in
manu ? Cela est possible ; il est probable aussi que notre action subsiste comme un vestige d'une extension originaire
très-grande du furtum protégeant toute espèce de droits contre toute espèce d'actes.

très souvent. Il se peut cependant que des obstacles surgissent. Il y a des restrictions au droit de quasi-possession sur la personne des enfants.

On les peut grouper sous deux chefs. La puissance du père fut restreinte en de certains cas d'indignité et en faveur de certaines personnes : le mari de la fille, l'enfant lui-même, la mère.

α. — Une fille de famille contracte un mariage sans *manus* (92ᵃ) elle demeure sous la puissance de son *paterfamilias* ; il peut l'obliger à demeurer chez lui. Cela parut excessif : Marc Aurèle restreignit le pouvoir en les limites où celui-ci conservait le droit de rompre le mariage lui-même (93) ; Antonin le Pieux le supprima (94) Ulpien (95) nous indique le mécanisme juridique de la réforme ; une exception est inscrite dans la formule de l'interdit.

6. — Seconde limitation en faveur de la mère : les textes prévoient deux hypothèses : 1) indignité du père ; 2) divorce.

1. — Le père a de mauvaises mœurs, la réputation d'un homme perdu ; la mère retient l'enfant ; le père

92ᵃ. La question ne se pose pas pour le mariage avec manus qui met fin à la puissance paternelle. G. I. 136.

93. C. 5. 5. 17. Diocl. 293. — *Infra.* §. IV, n. 162.

94. Paul, V. 6, §. 15.

95. F. 1₅. 43. 30. Ulp. « ut patri persuadeatur ne acerbe patriam potestatem exerceat. »

le revendique : Antonin le Pieux [96] paralyse encore son droit par une exception insérée après une
cognitio causæ.

2. — La même idée intervient au cas de divorce,
elle se dégage α') de l'analyse d'une question générale (β') et de deux textes.

α'). — Il s'agit de savoir si la restriction précé-
dente n'est pas un cas particulier et si l'on ne peut
poser en principe à une certaine époque que la cité
pût intervenir par l'intermédiaire du magistrat
pour surveiller le *paterfamilias* et limiter son droit
là ou il en abuse. Cela se conçoit mal si la *potestas*
est un *dominium* [97] ; si l'hypothèse de Brinz est
exacte, il y a place au contraire dans le droit de
quasi-possession paternelle pour une idée *d'officium* [98].

Or quelques textes [99] tranchent la question en
ce sens. A l'époque d'Ulpien, il est certain que la
potestas patria embrasse à la fois des devoirs et

96. F. 3₅. 43. 30. f. 1₃. ht.

97. Il n'y a pas de textes dit Burchardi, *l. c.* sur la protection des animaux derelicti.

98. En ce sens. Burchardi (in Archiv f. civ. Prax. VIII. 64,
gemeins. Erziehungsrecht.), et Kuntze Excurse. zu §§. 742-
743.

99. Fr. marc. 9. (48. 9.); fr. papin 22₄. (48. 5.); fr.3₁ (4. 8.)
Ulp ; f. 32₁₂. (4. 8) ; f. 1₂. (37. 15.).

des droits (100); ces droits sont stricts, ces devoirs
moraux ; il est vrai, mais la *potestas patria* touchait
par trop de points aux bases de l'organisation sociale
pour que ces droits et ces devoirs fûssent considérés
comme de pur droit privé et l'on conçoit que leur
connexion s'établit selon l'équité large du droit public (101). Ce principe est posé pour toute relation
qui embrasse un *officium* (102) ; or Ulpien affirme
que la relation familiale embrasse un *officium* à propos de l'injure faite au père par l'enfant.

Quelques applications spéciales achèvent la démonstration :

100. Brinz. Pand. f. 457. Patria potestas in pietate debet non
in atrocitate consistere (Marcien) — plerumque pietas paterni
nominis consilium pro liberis capit (Papinien). De même le père
furiosus est incapable de remplir ses devoirs; Antonin le
pieux permet que le fils lui-même fût nommé curateur ; une
disposition analogue sert à prouver que la puissance paternelle egyptienne (Revill. *l. c.* p. 167) et grecque (Aristoph-
guêp v. 1859) est un pouvoir de protection. — Des restrictions analogues au point de vue de la restitutions de la dot ès
mains du père remontent à Labéon f. 1₆. (24. 3) sol.

L'obligation de doter imposée au père depuis la loi Julia
[ff. 5. 9. 12. (25, 3) ; 19, 23. 2.], celle de fournir des aliments
[C. Just. 8₅. 6. 61] mettent en lumière la même idée.

101. Mommsen. Röm. forsch. I. 384. — Voigt. *l. c.* II. 269.
Burch. *l. c.* 176.

102. F. Ulp. 3₁ (4. 8) à propos d'un arbitre qui refuse de
juger : *æquissimum fore* prætorem interponere se ut officium
quod in se recepit (arbiter) impleret. et. f. 32₁₂. ht, : « mul-
cta adversus eum dicenda.

I). L'action d'injures compète au père relativement à l'*injuria* adressée au fils (103[a]) ; le père est indigne, *vilis* ou il néglige d'agir pour défendre son fils : *causa cognita, dicendum est translationem filio competere* (103[b]).

II). L'enfant est chez un tiers ; le père qui le réclame par un interdit établit son droit, mais il est peu recommandable en fait ; le magistrat intervient *extra ordinem*, on déposera pendant les débats l'enfant chez un tiers sequestre (104) ; bien plus, le magistrat puisera dans son *imperium* le pouvoir de méconnaître, au moins temporairement le droit paternel ; quelqu'évident qu'il fût, en différant le procès jusqu'à la puberté de l'enfant. Jusque-là, *denegabit formulam* (105) et il appréciera en sa conscience l'opportunité de cette remise.

Il est probable que ce point de vue dut dominer

103. « præfectus urbis delictum *ad publicam pietatem pertinens* pro modo ejus vindicat. f. 1₂. (37. 15.) et C. 13₂. 9. 51. « officium suum nulla pravitate corruptum liberis præbere oportet. »

103[a]. F. 1₃. 47. 10. Ulp. le fils demeure investi de l'actio legis Corneliæ, le père aura l'actio prætoria injuriarum. f. 5₆. 47. 10. f. 39₄ 3. 3.

103b. F. 17₁₃ (47. 10) comme si le père fut absent ou furieux. f. 17₁₁ ht.

104. Materfamilias si c'est une fille ou un enfant prætextatus, f. 3₅. 43. 30.

105. F. 3₂. ht.

dès le début de l'empire (106) ; c'est le droit de la
cité qui entre dans la famille et l'intervention du
magistrat devait être de plus en plus large (107).
Cette idée générale permet de résoudre, en ce qui
concerne le sort du droit paternel après divorce, le
conflit apparent de deux textes (108).

6'. — Un divorce est intervenu ; Des enfans sont
nés du mariage ; La puissance paternelle demeure-
t-elle inébranlée après le divorce ? La négative est
certaine ; le magistrat pourrait interposer son autorité. — Mais son action sera-t-elle dirigée d'avance,
son choix réglé ? L'immixtion de la cité entrée dans
les mœurs, on se posa cette seconde question ; il
s'agit de savoir si le magistrat attribuera toujours et
nécessairement la garde et l'éducation à l'époux innocent ou si l'intérêt de l'enfant prévaudra.

Une constitution de Dioclétien (109) fonde la théo-

106. Ulp. s'appuie une fois sur l'autorité de Labéon. (sup.
n. 99)

107. « Quanto latius officiorum quam juris patet regula. »
Ihering. Esp. IV. 190.

108). C. un. 5. 24. ; nov. 117. ch. 7. — Sarwey. zurerzie-
hung der kinder bei getr. ehe. Arch. f. civ. Pr. t. XXXI, p.
441. sqq.

109. C. 1. 5 24. — On tire un arg. anal. du droit reconnu
au magistrat de décider, accessoirement au litige sur les
aliments, si l'enfant naturel qui justifie de sa filiation sera élevé

rie libérale ; la novelle 117 lie-t-elle les mains au
magistrat ? — Analysons ce texte. Le père est coupable ; la mère aura sur la personne des enfants le
droit de garde et d'éducation. La mère est-elle coupable, le père conserve ses droits. Ces solutions sont
présentées accessoirement à la question du devoir
alimentaire ; il en résulte une différence singulière
entre les parens : coupable ou non, la mère *riche*
gardera l'éducation (110) parce que son obligation
alimentaire apparaît en général avec un caractère
essentiellement subsidiaire ; le père coupable paie-
rait les frais d'une éducation donnée chez la mère.

ou non chez son père. C. M. aurel. 164. 3. (5. 25) — On rapproche deux textes : C. 1. (5. 49) :... perpendet ubi puer edu-
cari debeat » et f. Ulp. 1₁ (27. 2.) « nonnunquam a voluntate
patris recedit prætor. »

 « Licet, neque nostra.. constitutione caveatur ut per sexum
liberorum inter parentes divisio celebretur, competens tamen
judex *æstimabit* utrum apud patrem an apud matrem, matri-
monio separato filii morari.. debeant. » — La 2° partie de la
C. dépasse-t-elle la portée de la question posée dans la première, (division des enfans par sexe) ? Les glossateurs le nient;
ils écrivent sous « *æstimabit* » « taliter dividendo » (corp. ed.
1547. t IV. p. 597.). Mais le texte est très général et les deux
fragments dont on le rapproche ne le sont pas moins.

 110. Si contigerit patrem minus idoneum esse, matrem vero
locupletem : apud eam pauperes filios manere jubemus.
nov. 117. c. 7 — l'authentique porte : « si vero contra, tunc
apud patrem, matris.. expensis. » — les authentiques n'ont
en général de valeur que lorsqu'elles concordent avec le sens
général de la novelle — (en ce sens Sarwey. *l. c.*

Est-ce là un principe absolu? — Alors il faut noter une singulière restriction au pouvoir du magistrat ; le droit de contrôle de la cité devient inintelligible s'il n'a plus pour base la protection de l'intérêt de l'enfant. Il est plus naturel de penser que la novelle, après avoir rappelé le principe, vise en se référant à l'obligation alimentaire, un cas particulier, indique une solution spéciale. Elle n'innove que sur un point : le magistrat demeure libre de confier la garde de l'enfant à qui bon lui semble, notamment à l'un des époux, seulement et à titre de peine, elle lui défend de la confier au père coupable (111).

Ainsi le droit de contrôle du magistrat s'est étendu, il est réglementé. Il apparaissait de très bonne heure sous forme de *cognitio extraordinem*, d'exceptions paralysant les interdits ; il s'est développé : le droit du père, en son premier élément, enfermait un *officium* que l'évolution historique a mis en lumière.

B. — *Droit d'usage.*

Un développement analogue et remarquable peut-être suivi à propos du droit d'usage.

L'enfant est un moyen de crédit ; on en peut re-

111. C'est la solution de Sarwey. *l. c.*)

tirer une utilité appréciable, I), transférer à un tiers un droit sur sa personne II), louer ses services.

Suivons ces divisions.

I. — *L'enfant est un moyen de crédit* ;

a. — On rencontre dès le début du droit un moyen commode pour le père de profiter ainsi de sa *potestas*. Il s'oblige vis-à-vis de son créancier par un *nexum* ; lui et ses enfants sont exposés ensemble à l'exécution personnelle (112) à peu près comme un condamné pour dettes *addictus* ; l'existence tout entière du *nexus* est ainsi engagée ; ses enfans *in potestate* auront le même sort (113).

Cet effet dut disparaître de bonne heure avec le caractère archaïque du *nexum*. Il est probable qu'une loi Petelia (vers 435 a. u. c.) transforma le droit sur

112. Faut-il pour cela joindre à la promesse principale une promesse d'operœ ? — Schulin (*l. c.* 324) le croit : un texte de Varron (1. 1. VII. 105) paraît décisif en sens contraire : « liber suas operas in servitutem pro pecunia debebat dum solveret. — En ce sens Giraud *l. c.*

113. Le créancier les traitera souvent comme des esclaves. D. hal. Antiq. Rom. VI. 26. 29 : απηχθην δουλοσ υπο του δανεισου συν υιοις δυσιν... πληγας ελαβον μαστιξι πανυ πολλας » et Liv. II. 24 D. hal. *l. c.* VI. 37. — Le fait se rapporte au consulat de Servilius (259. de Rome).

la personne en droit sur les biens (114) et le *nexum* tomba en désuétude (115).

On arrivait par d'autres moyens juridiques à un résultat voisin (116).

b. — 1. On transfère à un tiers le droit spécial sur la personne de l'enfant et la puissance paternelle se limite ainsi elle-même.

L'enfant ne sera pas esclave (117), mais il subira une *capitis deminutio* qui le rendra *servi loco* et cette quasi servitude prendra fin comme la servitude elle-même, *censu* (117ª) *vindicta* ou *testamento* 118ª) ; l'enfant sera soumis au *mancipium.*

114. Liv. VIII, 28 ; Cic. rep. II. 34 ; Dion. ed. Reisk. p. 2339 et les textes cités par Danz. II. nº 1142-1143. — Huschke p. 432. *l. c.*

115. Festus : nexum oes *apud antiquos* dicebatur, etc.

116. C. 12. (4. 10) ob œs alienum servire liberos creditoribus... C. 294.

117. F. Paul. 63. (35. 2.) Paul. sent. V. 1. ch. 6. (4. 8) : eripere libertatem non liceret.

L'état intervient ici de bonne heure pour protéger le mancipium contre son quasi dominus, 8. I. 141.

117ª. La puissance paternelle se limite elle-même ; le père ne peut pas obtenir l'affranchissement « censu », sans le consentement du quasi dominus. Cela a été contesté ; il est vrai que la puissance du père persiste à cet égard lorsque la mancipatio est dicis causa et qu'on a omis le pacte fiduciaire ; hors de là les textes sont absolus. Ulp. I. 8. G. 140. cf. Danz R G.

118. On n'applique pas les restrictions au droit d'affranchir les esclaves. G. I. 138. 139.

Il le sera à la suite α) d'une mise en gage ou 6) d'une vente.

α. — Le père réalise la mise en gage (119) de deux façons.

Le contrat de *nexum* fut une forme archaïque (120) : Le fils était alors « *res principaliter nexa* » ; le père qui *nexo* dabat ne s'engageait pas lui-même ; le résultat était le même pour l'enfant, meilleur, plus prudent pour le père. Caton dit (121) que ce fût là un moyen de crédit normal. Cela dut se maintenir jusque vers la fin de la république, puisque Cicéron, (121ᵃ)

119. On peut comparer le mariage par gage livré babylonien où la forme fictive survit peut-être à un droit effectif. (sup. sect I. B. n. 11.)

120. Voigt. XII tab. t II. p. 265.

121. Caton. R.R. 149. 2. « pecus et familia quæ illic erit pigneri suntod. »

121ᵃ Cic. har. resp. 7. « multæ sunt domus in hac urbe.. *jure mancipi, jure nexi…* » à l'époque d'Ulpien on note encore spécialement que le fils n'est pas compris dans les constitutions de gage général. f. 8 ulp. (20. 1.). Il y a cependant une difficulté : à l'époque de Manilius consul. en 605 (varr. l. l. VII. 101.) le nexum cesse d'être une forme générale incontestée et l'école de Mutius Scevola (cons 659) fait du mancipium la forme générale de transfert. — Il n'empêche que l'on conçoit la longue coexistence historique, sous la forme du nexum, d'une pesée réelle (échange de la res nexa contre l'œs nexum. Schulin *l. c.* p. 384.) et d'une pesée fictive. (la res nexa aliénée pour sureté d'une dette préexistante. Liv. II. 23 ; VIII 28. « l'obligation dévore *l'un après l'autre* tous les biens du débiteur veluti tabes.).

distingue encore le *nexum* fiduciaire de la mancipation. Un contrat de fiducie, joint à une mancipation, conduit au même résultat et le père seul aura
le droit ici de requérir du créancier gagiste l'affranchissement du *mancipium*. Ce contrat dut être usité
jusqu'au III° siècle en droit, plus tard en fait. Dès le
second siècle, la jurisprudence, n'osant encore s'at-
taquer à la *patria potestas*, frappait le créancier (22);
Dioclétien (123) prohiba la mise en gage ; une novelle de Justinien (124) porte à croire que la réforme
n'était qu'à bien lentement dans les mœurs.

6, 1. — Le *paterfamilias* vend l'enfant ; l'acheteur
l'aura chez lui comme *mancipium*. La forme de la
mancipation est générale ; la cause de l'acte peut
varier, ce peut-être ou *α*) une *noxæ dedatio*, ou *6'*) un
simple acte d'administration.

α) Un fils *in potestate* a commis un délit ; une action est dirigée contre le père, elle tend au paiement d'une amende ou à l'abandon noxal. Le père
peut *dedere filium noxaliter*, il le mancipe au tiers lésé,
cela est certain (125), l'aliénation est définitive (126),

122. F. 5. (20. 3)
123. En même temps que la vente. C. 12. (4. 10) 294.
124. nov. 134 c 7. on édicte à nouveau des peines contre les
créanciers.
125. G. IV. 79. Il y a controverse entre proculiens et sabi-
niens sur le nombre de mancipations nécessaires Cf. inf. n. 128
126. Cf. inf. n. 128. M. Girard (*Nouv. rev. hist.* 1887 p.

6°) Le père peut aussi vendre l'enfant à n'importe qui, dans le seul but de se procurer une contre valeur. Une évolution juridique favorable à la liberté de l'enfant s'est accomplie dans les deux cas.

6. 2) — *Restrictions apportées au droit de vente.*

Il est possible qu'à une époque très reculée ce droit de disposition du père fût illimité ; peut-être serait-il plus vraisemblable d'admettre qu'il y eût alors des limitations coutumières et religieuses. Elles ont même pu, de très bonne heure, se préciser et prendre une forme impérative. Ceux qui admettent avec Voigt l'existence et la valeur des *Leges regiæ* voient dans une loi de Numa une telle disposition : Denys d'Halicarnasse (127) nous dit que le père qui permet à son fils de se marier n'a plus le droit de le vendre. Il est probable que les *Leges regiæ* ne sont que de vieilles règles traditionnelles conservées par la jurisprudence sacerdotale ; à tout le moins et même en tant que règle coutumière, la restriction n'est pas sans importance.

439. n. 1.) : Puisque les Proculiens exigent trois mancipations la puissance paternelle doit être éteinte ; qu'est-ce à dire, sinon que l'abandon noxal requiert une translation définitive des droits ?

127. Ant. Rom. II. 27. M. Girard, textes p. 7.

Une nouvelle restriction est enregistrée à l'époque des XII tables ; elle a cette fois force de loi : le père ne peut vendre le fils que trois fois, la fille et le petit fils qu'une seule fois ; que s'il passe outre « *filius a patre liber estod* » (128) l'abus entraîne *ipso jure* la dissolution de la *potestas*.

On ne rencontre jusqu'à la fin de la République que ces deux limitations ; cela prouve que le droit de vente fut exercé avec modération (129). Nous savons par exemple que, sous l'empire, le droit de consentir une *deditio noxalis* finit par tomber en désuétude (130). A l'époque de Gaïus (131) le magistrat intervenait d'ailleurs pour protéger l'enfant *deditus*. Celui-ci contraignait, avec le secours du censeur, le tiers

128. G. I. 182. Ulp. X. 1. D. hal. II. 27. Tab. IV.

129. Ih. Esp. II. 127.

130. § 7 J. 4 8. Justinien supprimant le droit, constate qu'on ne l'exerce plus depuis la « nova hominum conversatio » ; des interprètes traduisent par : depuis une constitution de l'empereur Constantin. M. Girard. *l. c.* critique avec raison cette traduction libre.

131. G. I. 140. M. Girard. *l. c.* n. 2. — Le texte de Gaius semble défavorable ; il dit que l'enfant ne sera pas affranchi *censu* contre la volonté du quasi dominus. M. Girard montre que sa portée n'est pas générale, car il établit d'abord une règle favorable au fils in mancipio : censu libertatem consequi possunt.. puis deux exceptions fondées sur le motif : « nam hunc actor pro pecunia habet ». Si donc le motif cesse l'exception tombe, la règle vaut.

lésé à l'émanciper, dès que, par son travail, il avait acquitté la dette ; cette fonction de protection passe au préteur à l'époque de Papinien. La désuétude frappait à la même époque la vente et la *deditio noxalis* ; Gaïus (132) nous dit qu'elle fut très rare ; le droit cependant subsistait (133). Il disparut au troisième siècle (134). Mais cette protection absolue tournait au détriment de l'enfant : le père est pauvre ; on lui défend de vendre son fils ; il le tue. Constantin (135) revint donc en arrière et permit la vente à condition que le père fût très pauvre et l'enfant très jeune (136) : l'acheteur aura alors son choix les droits d'un maître ou ceux d'un père. Le vrai père peut d'ailleurs rendre la liberté à l'enfant en le rachetant (137).

132. G. I. 141.

133. Paul (V. I 1.) nous dit qu'en fait on n'en usait que contemplatione extremæ necessitatis, mais en droit, (F. 63. (35. 2) il reconnait que l'autorité du père demeurait absolue.

134. C. 1. (4. 43) Diocl. — La const. 12. (4. 10) 294, qui parait antérieure, prohibait une survivance du nexum.

135. C. 2. (4. 43) et S. Jérôme (*Rev. législ. et jurispr.* 1841. p. 387).

136. Cette dernière condition est contestée. (Brinz. Pand § 457. n. 7), car le Brachylogus III. (13. 5) et Petri exc. I. 14. portent « liberos » en général.

137. Tel est le droit de Justinien. Valentinien et Théodose C. th. 1. (3. 3) permettaient à l'enfant de devenir libre sans cela, ce qui était léser l'acheteur ; la protection se retournait

L'abandon noxal a disparu complètement (138).

Ainsi le droit de vente, limité d'abord par les mœurs seules, finit après dix siècles par disparaître à peu près complètement, jamais absolument.

II. — Louage des services.

« *Pietatem liberi non operas debent* » dit un juris-consulte (139). Cela n'empêchait pas le *paterfamilias* de les vendre ; Paul ( ) nous affirme que cela ne l'empêchait pas non plus de louer leur travail. On conçoit mal en cette matière un abus scandaleux ; aussi les restrictions au droit paternel durent être pure-

encore contre l'enfant qui ne trouvait plus d'acheteur et qui périssait.

138. Justinien. § 7. J 3. 4. 8.

139. F. tryph 10. (37. 15.) Puchta en conclut que le père ne peut louer les services du fils. Brinz, § 459, montre très-bien que le f rapproché du f. 4. (37. 12) n'a pas cette portée.

140. Sent. V. I. 1. operæ, eorum locari possunt. — Le droit de locare le travail du fils disparait-il avec la théorie des biens adventices ? Windscheid l'enseigne, mais on confond ici deux questions : celle de savoir si l'enfant peut travailler pour lui ; les constitutions impériales répondent oui (c. 6. 6. 61), celle de savoir si le père peut encore employer à son usage la personne du fils in potestate : ce dernier point demeure intact. en ce sens : Marezoll, arch. f. civ. Prax VIII p. 273. et Brinz § 459. p. 613. — *contrà* Sintenis civilrecht. III § 141.

En tous cas le père aurait toujours l'usufruit des gains réalisés.

ment coutumières et morales. En un cas seulement, le droit parut odieux ; il s'agissait des bénéfices particulièrement séduisants que le *paterfamilias* retirait des *operæ* de sa fille (141) : Théodore et Valentinien placèrent la fille sous la protection de l'évêque et prononcèrent, d'une façon absolue, la déchéance de la puissance paternelle contre le père indigne (142). Il est probable que ces constitutions introduisirent seulement une répression plus énergique : la censure et les mœurs n'étaient pas demeurés complètement inefficaces.

Les textes ont ainsi vérifié la première partie de notre hypothèse méthodologique. Il ont révélé dans la *partria potestas* un premier élément, comme un aspect de droit privé, s'analysant en un droit de quasi possession et d'usage ; ils ont mis en lumière en même temps une évolution remarquable : celle du droit de la cité qui pénètre dans le domaine, d'abord fermé, du souverain familial, pour réprimer les abus et sauvegarder les libertés.

141. L'actio injuriarum n'est pas recevable contre le père qui prostitue, f. 7₃. 47. 10.
142. C. 12 (1. 4.) C. 6. (11. 40). Sans préjudice de la condamnation à l'exil et aux travaux publics. Il semble bien que la déchéance soit générale et supprime la puissance sur tous les enfans. « Amittant eam quam habuerint potestatem ».

§ IV. — Magistrature domestique

On envisageait l'homme privé ; regardons du côté du chef religieux et politique A), de celui qui conserve la race pure B), de celui qui sévit, de celui qui dit le droit dans la maison et qui le réalise.

A. — Mariage.

Il a la haute main sur *a*) les fiançailles, *b*) les mariages, à conclure ou *c*) à briser. Comment des petits enfans entreraient-ils sous sa potestas sans sa volonté (143) ?

a. Fiançailles. — Deux chefs de famille sont tombés d'accord ; il convient qu'un mariage unisse, dans un délai plus ou moins éloigné, deux membres de leurs familles ; ils stipulent ; — *moris fuit veteribus stipulari* (144). Plus tard le fiancé contracte directement avec le *paterfamillias* de la fille. Réciproquement, celui qui a lié déliera, l'accord des *patres*, brisera le

---

143. « Nemini invito suus heres adgnascatur ». — C'est un complément logique du droit de tollere liberos. *sup.* Ch. III n. 9 ; ch. II n. 1. — Les enfans de la fille mariée avec manus entrent seuls dans une famille étrangère.

144. F. Ulp. 2. (23. 3). — Huschke Zch. f. g. R. W. (1842) X. 6. 1. voit dans ce texte un renvoi au vieux droit Latin. — Le mot *veteres* n'a pas ordinairement ce sens. — (Puchta instit. III § 258 p. 6). — Les deux patres stipulent eux-mêmes. A. gell. noct. IV. 4. 2.

lien (145). — Le dédit d'une seule partie serait-il
considéré comme non avenu ; une exécution directe
contraindrait-elle le père à effectuer la *ductio*, la
fille à la subir ? Cela est vraisemblable (146), mais
ces caractères archaïques disparaissent de bonne
heure (146ᵃ). Au 3ᵉ siècle, le consentement du fils est
nécessaire (147) aussi celui de la fille si le futur est indigne (148) ; il suffit d'ailleurs, pour que les *patres*
contractent valablement, que les fiancés aient sept
ans (149).

145. F. 10 (23. 1).

146. C'est la solution de Huschke *l. c.* p. 318. 334. arg.
Varro. 1. 1. VI. 71 « qui spoponderat Filiam despondisse dicebatur, quod de sponte ejus id est de voluntate exierat ; non
enim si volebat dabat (c. a. d. il la donnait, non plus d'après
sa libre volonté), quod sponsu erat alligatus, quod tum et præ-
torium jus ad legem et censorium judicium ad æquom existi-
mabatur ». (c. a. d. parce qu'alors le préteur faisait encore
condamner le père, sur la L. A. du fiancé ex sponsu, à dare in
manu (G. IV. 48) et donnait dans l'instance l'interdit de uxore
ducenda. (f. 2. 43. 30) tandis que le censeur de son côté le no-
tait à cause de son dédit inconvenant. — Et Plutarq. cato min.
7. — *contrà* Ihering II. 228.

146ᵃ. On dut permettre plus tard de stipuler une peine et
d'en poursuivre l'exécution. : Paul. f. 134 p. V. D. dit que cela
parut inhonestum et une exceptio doli paralyse l'action.

147. F. 7. 23. 1. et f. Paul. 13. ht.

148. F. 12₁ Ulp. ht. Il faut qu'elle s'oppose formellement.
La nuance a son importance.

149. F. Modest. 14. (23. 1) Léon nov. 109 conserve le même
principe.

En droit et théoriquement, les jurisconsultes
s'efforcent d'adapter ces règles absolues aux principes des obligations; Paul et Julien (150) parlent de
l'assentiment sous-entendu des enfans. — La limite
de sept ans maintenue, rend les résultats pratiques
à peu près nuls. La vraie garantie de la liberté des
enfants est dans l'inutilité à leur égard, certaine au
moins à l'époque de Paul, du lien civil résultant des
sponsalia.

b. Mariage. — Même autorité du père en matière de
mariage (151). Lui seul à l'origine est en cause, contracte (152); Au 2ᵉ siècle, l'édit du préteur parle
encore du *collocare filiam* (153) et le *jussus* du père
doit précéder le mariage du fils (154).

Sur deux points spéciaux, l'évolution juridique fit
prévaloir d'autres principes : lorsque le père refuse
son consentement sans motifs légitimes ou lorsqu'il
est dans l'impossibilité de le donner.

---

150. F. Paul. 7,. 23. 1.; f. Jul. 11. ht. — L'enfant de 7
ans consent aussi f. mod. 14. ht. et l'empereur Léon dit à ce
propos (nov. 109 preamb). « In omni actione tempus observare
pulcherrimum fuit ».

151. filiam *locare* nuptiis... textes dans Voigt. § 157, p. 685,
n. 18.

152. Cela est manifeste si la coemtio a été une vente réelle.
en ce sens. Schulin, § 51, p. 210.

153. Ed. VI de postul. 3. Girard. tex, 118.

154. id. ibid. et f. 11, (3. 2). Ulp.

Au premier cas, la loi Julia qui frappe le céli-
bat autorise en même temps l'intervention du magistrat (155); on ne se passera pas d'ailleurs du consentement, du père, seulement, comme le dit Ihering, tout est réglé de manière à ce qu'il consentît
(156).

En second lieu, le père peut être dans l'impossibilité de donner son consentement, être 1) fou,
2) captif ou absent.

1) Dès le début de l'empire, les enfans du fou pourront contracter mariage (157).

2) De très-bonne heure, la fille du captif put contracter, malgré le *postliminium*, un mariage valable ;
cela intéresse peu la famille. A l'inverse, ce n'est
qu'au 3ᵉ siècle qu'un texte de Tryphonius (158) nous
permet de poser sans hésitation pour le fils une
règle analogue. Il semble bien (159) cependant que

155. F. 19. Marc. (23. 2).. per proconsules prœsidesque
provinciarum coguntur.

156. On a ici ce que Ihering appelle un acte de construction
Espr. IV. p. 271. n. 427.) La contrainte de l'autorité respec-
tera la forme de l'acte, mais rien que cela.

157. Marc Aurèle le permet à ceux du mente captus ; quid
du furiosus ? Justinien C. 25. (5. 4) trancha la question en faveur des enfans.

158. F. 12₃ (49-15). Le jurisconsulte donne deux motifs : 1° il
est vrai que le père n'a pas consenti, mais il ne s'y est pas opposé non plus ; 2° publica nuptiarum necessitas.

159. Trois textes : ff. 9, 10. 11, (23. 2) R. N. sont en ce sens ;

l'évolution ait commencé un peu plus tôt : Dès le
règne d'Adrien, le droit pour l'enfant du captif de
contracter un mariage valable dut être inscrit dans
l'édit, à la condition que la captivité eût duré au
moins trois ans, ou que le conjoint fut honorable, et
cette solution se maintint dans le droit de Justinien (160).

— L'innovation serait dans l'Edit, car les textes d'Ulp. et Paul
sont *ad edictum* et *ad sabinum*. On fait deux objections : (M.
Acc. I. ed. 1886, p. 209) : 1) les prudens ne peuvent créer un
délai, 2) le texte de Paul est mal écrit, celui de Tryphoninus
ne parle pas d'un délai ; donc les trois textes sont interpolés.
— Je réponds : 1 (Si le texte est dans l'édit, l'objection tombe ;
or quand Julien parle à la première personne il ne s'occupe
pas de l'existence du délai, 2) le style de Paul est mauvais dans
la partie qui nous occupe, il dit qu'on se demande *pater igno-
tus ubi degit* (!) mais il faisait au début du texte, dans la partie
non incriminée, un solécisme magistral qui permet de conclure
simplement : dormitat bonus Paulus. Reste le silence de Tri-
phoninus ; il est naturel : il écrit un « liber disputationum »
et il n'y avait pas controverse sur un délai inscrit dans l'Edit.

160. Y eut-il, en dehors de ces solutions spéciales, une tentative vers une solution générale ? On en cherche les traces dans
deux constit. du 4° siècle C. 18, (5. 4.) 371, et C. 20 ht. — La
théorie romaine repose sur un principe : solidarité du mariage et de la potestas : l'alieni juris n'a pas de droits, réciproquement le sui juris a tous les droits. On conçoit un système où le
mariage serait réglé à part, où les consentemens protégeraient
seulement le fiancé ; on marche vers ce système de deux façons : en facilitant le mariage de l'alieni juris, en rendant
moins facile celui du sui juris. Or, cela, on le fit pour la femme

c. Divorce. — Le droit du père fut absolu aussi en matière de divorce ; Ennius et Plaute (161) l'attestent en ce qui concerne la fille. A l'inverse, il est certain que, sous Antonin le Pieux, (162) le droit de rompre arbitrairement le mariage de l'enfant n'appartient plus au père. Il est probable que le droit nouveau n'entra que peu à peu dans les mœurs ; Ulpien (163) vise des cas de divorce par la volonté du père. Sous Dioclétien encore la puissance paternelle essaie de se maintenir indirectement (164) par l'exhérédation, mais la *querela inofficiosi testamenti* paralysait cette dernière ressource.

Et ainsi, même en la matière du mariage, l'histoire a orienté le droit Romain vers la liberté.

B. — *Adminadversio.*

Le *paterfamilias* a le droit de conserver pure cette famille qu'il constitue par des unions de son choix.

sui juris, mais on ne fit que cela. — C'est une évolution qui n'a pas abouti ; Justinien le constate philosophiquement (pr. J I. 10).

161. Cités par de Fresquet. *l. c.* p. 42. add. Pacuvius dans reth à Herenn. II. 24. et les textes de Rossbach p. 43 (Ihering Esp. II, p. 187. n. 298).

162. Paul V. 7. 15. — Une const. de Dioclétien c. 5. (5. 17) attribue la réforme à M. Aurèle.

163. Ulp. VI. 10 et f. 4, (24. 2).

164. C. 18. (3. 28) 286.

Il est magistrat, il peut sévir. Il retranchera le membre corrompu ; il chassera l'enfant ou il le tuera. Le tableau de ces droits est imposant ; la puissance du père absolue ; la personne de l'enfant à sa merci. mais l'effort de la jurisprudence et de la coutume se tendra contre cette souveraineté : de quatre côtés la potestas sera attaquée et, comme en quatre développements parallèles, ce droit marchera encore vers la liberté.

I. Droit de punir

Le père peut *a*), frapper la personnalité juridique de l'enfant ou *b*), atteindre sa personne physique.

a). α). L'enfant a été reconnu, il a grandi dans la famille, on peut l'exclure de cette famille et de la cité même. On peut le vendre en esclavage : *quem suus pater vendidit, is jure amittit civitatem*, dit Cicéron (165).

165. Cæc. 34. — Cf. orat. I. 40.. quem pater suus aut populus, aut pater patratus dedisset... » On compare cette exclusion à la vente du droit public ; quand au nom des dieux de la cité le pater patratus fixe sur la tête d'un seul la dette religieuse du peuple romain, ou quand les comices déclarent que celui qui s'est soustrait au cens est désormais un étranger, hostis. Il s'agit de même ici de l'expiation d'un crime ; cette vente n'a rien de commun avec celle qu'on qualifiait (*sup.* d'acte P. 7₁) d'administration. — Kuntze. Exc. zu. §§, 742, 743. — C'est le cas de

La puissance paternelle se detruit ici elle-
même (166). Au nom des Dieux familiers, le père
exclut l'enfant (167) ; juridiquement et religieusement, il n'existe plus ; il n'a plus de famille, il n'a
plus de cité.

6). La rigueur peut être moins grande. Il y aura
quelquefois simple exclusion de la famille, *abdicatio*
de l'enfant (168) : *Protinus e conspectu meo abito,* dit
le père. Il est probable que cette exclusion ne soustrait pas l'enfant à la puissance paternelle ; on lui
ôte ses droits, on lui laisse ses devoirs. Ce n'est que
vers 355 avant J.-C. (169) que le père a certaine-

dire avec Pierre Ayrault. « J'ay une grosse lettue en mon jar-
din., s'il y croist des feuilles qui soient amères, je les couppe
et je les romps.. et la lettue devient plus belle et plus savou-
reuse « (Opusc. et div. traités. Paris 1598, p. 247.)

166. Cic. cœcina. 98. « Si pater vendidit... ex potestate di-
mittit. »

167. Voigt. XII, tab. § 93. n. 12, cite les textes qui rappro-
chent d'une façon remarquable ce jus vendendi du jus vitæ necisque.

168. Quod est familia abjicere « dit Quintilien (Décl. 372), et
textes dans Voigt. *l. c.* t. II. p. 282, n. 25. « Pater tuus eram,
abdicare itaque potui, occidere potui, omnem potestatem tan-
quam in filium exercere ». La formule est peut être : « discede
de domo mea » sic. Val. max. 5, 8, 3, et Quintil. Décl. 258.

169. Liv. VII, 16. Licinius stolo.. damnatus quod mille ju-
gerum agri cum filio possideret, emancipandoque filium frau-
dem legi fecisset.

nement à sa disposition la forme juridique de l'é-
mancipation. Maintenant l'enfant est exclu du groupe,
mais il ne fonde pas pour cela un foyer nouveau ; il
ne devient pas libre et *sui juris* ; une telle punition
eût trop ressemblé à une récompense.

b) — α) Sur la personne physique de l'enfant
le père à d'autres droits, le *jus vitæ necisque,* celui
d'infliger les corrections qu'il juge convenables. Ces
droits sont certains (170). Ils sont antérieurs à toute

---

170. Den. Hal. II. 26, 27 f. Paul. 11. (28, 2), Un fragment.
Pap. coll. leg. IV, 8 rapporte à une lex regia l'origine du jus vitæ
necisque. Den. d'Hal. *l. c.* semble confirmer cette indication :
Romulus « le législateur des Romains (?) » aurait confié au père
les pouvoirs les plus étendus sur la personne du fils, notamment le droit de punir sans limites, et le droit de vente limité
à trois ventes successives. De la combinaison des deux textes,
Dirksen (*l. c.* p. 301) a déduit l'existence d'une loi de Romulus et d'un fragment des XII tables.

A priori, cette lex regia est invraisemblable, car la souveraineté absolue du chef de groupe se conçoit comme une survivance du patriarcat : l'Etat peut intervenir pour la restreindre,
non pour l'étendre « quum jus potestatis *moribus* sit recep-
tum » f. 8$_p$. (1. 6).

Au point de vue des textes, elle est hypothétique.

Celui de D. H. a peu de force : il établit d'abord un paral_
lèle littéraire entre la législation grecque, qu'il juge trop douce
et celle de l'ancienne Rome, qu'il expose ~~en général~~. Or Romulus concède ou *confirme* (απασαν ως ειπειν εδωχεν...) la toute puissance au père. Or à la fin du § 27, l'historien fait cette déclaration : τουτον τον νομον εν αρχαις μεν οι βασιλεις εφυλαττον ειτε γε-

législation écrite parce qu'ils sont antérieurs à la réalisation historique de l'idée d'Etat.

6.) On peut refuser au nouveau né l'entrée de la famille ; le père refuse de *tollere liberum*. C'est un crime d'être monstrueux ou du sexe féminin : le père sévit. On déposera l'enfant près du lac Velabre (172), ou dans le marché aux herbes (172), ou bien il sera mis à mort sans délai (173).

γραμμενον ειτε αγραφον ου γαρ εχω σαφες ειπειν. Ainsi l'affirmation de Denis se détruit elle-même.

Le fragment de Papinien n'a pas plus de force. C'est un responsum qui embrasse deux élémens : l'un, la réponse du jurisconsulte, qui a une valeur ; l'autre, la question du client, qui n'en a pas. Celsus traite parfois assez mal l'interrogateur qui commet des hérésies juridiques (f. 27, 28, 1) « valde stulta est consultatio tua », ce qui ne l'empêche pas de la reproduire dans sa réponse. Or le mot de lex regia est dans l'interrogation du client, non dans le texte de Papinien. En ce sens Voigt (Leges reg. *l. c.* p. 571, 572). Ainsi rien n'autorise à rapporter l'origine du jus vitæ necisque à une lex regia, sans avoir d'ailleurs à se prononcer sur la question générale de la valeur des leges regiæ.

171. Ovid. fast. VI. 395. sq.

172. Festus. vº, s. cité par Lallemand, p. 59, n. 2. — Paul Diac, 118. 6., dit qu'on établit dans le marché aux herbes une columna lactaria : « lactaria columna in foro olitorio dicta, quod ibi infantes lacte alendos deferebant ».

173. Le père donne quelquefois ces instructions avant de partir en voyage. Peregre proficiscens mandavit *uxori suæ* (!) ut si sexus sequioris edidiset *faetum necaretur.* » Apul metam X. Ovid. metam IX. 9.

γ.) De même façon, un adulte peut commettre un crime. Les exemples historiques abondent où le père se charge de la répression capitale (174).

δ.) Enfin les peines seront parfois plus douces : on relègue le fils à la campagne (175), on l'emprisonne, on le châtie.

Tels sont les droits du magistrat familial. La juridiction de l'Etat ne s'introduit pas dans la famille : le père a le droit d'évoquer devant lui pour être jugés, tous les délits que peut commettre son subordonné (176).

II. *Limites du droit.*

a) La famille, *b*) le censeur, *c*) l'Etat luttèrent successivement contre cette toute puissance, et sous leurs influences combinées le magistrat domestique dut abdiquer.

a). Le premier organe de contrôle est la famille même (176ª). Denys d'Halicarnasse (177) la men-

---

174. Liv. II. 61. Sp. Cassius est mis à mort par son père pour avoir aspiré à la royauté. — Cf. Sallust. Catilina 39.

175. Liv. VII. 4, p. ex. Manlius Torquatus.

176. Liv. l. 26. — P. Horatio patre proclamante *se filiam jure cæsam judicare*, ni ita esset, *patrio jure filium animadversurum fuisse* ».

176ª. Sur le tribunal de famille chez les Ariens. Leist. G. I. R. G. p. 291. *sup.* ch. I. n. 11.

177. Antiq. Rom. II. 25.

mentionne au temps de Romulus ; Valentinien y fait encore allusion en 365 de notre ère (178). Entre ces deux dates, elle fut le contrepoids de l'autorité paternelle.

Le tribunal de famille (179) se compose de parents, *propinqui et cognati*, disent les textes (180). Il est vraisemblable (181) que parents y figurent jusqu'au sixième degré. Il peut comprendre en outre des amis (182), même des étrangers (183).

On conçoit qu'une telle assemblée put apporter en pratique au pouvoir du père les plus graves restrictions (184). Les sources attestent une telle

178. C. 1. (9. 15).

179. De Fresquet. Rev. hist. 1855, p. 125. sq.

180. Val. Max. V. 8. 3 : τῶν συγγενῶν ; ailleurs : necessariorum ; Tac. XIII. 32 : propinquorum. Voigt. *l. c.* II. 276. 277.

181. D'après un texte de Polybe portant que la femme doit baiser sur la bouche ses parens et ceux de son mari jusqu'au 6ᵉ degré, relativement à la prohibition de boire du vin. Or c'est là un délit que réprime la juridiction familiale :... « si vinum bibit... condemnetur ». Caton. dans A. Gell. X. 23. 4).

182. Val. Max. II. 4. 2. Les censeurs chassent du senat L. Antonius pour avoir répudié sa femme « nullo amicorum in consilio adhibito ».

183. On appela Auguste en un tel consilium (Seneq. Clem. 15.) ; on y convoquait même parfois une partie du Sénat. (De Fresquet. *l. c.* p. 145).

184. Klenze (*Die cognatem u affinem. sav. stif.* p. 27. *l. c.*) dit que ce tribunal distingue seul le jus vitæ necisque d'une pure barbarie. Brinz. Pand. § 458, y voit la distinction origi-

intervention (185) ; le père n'apparaît que comme un président et un exécuteur.

Ce rôle lui est imposé d'ailleurs d'une façon énergique ; le père qui voudrait statuer seul serait parricide (186) et puni comme tel. Il semble même qu'à une certaine époque le père encourût en ce cas, devant le droit de la cité lui-même, une responsabilité pénale (186). La jurisprudence des parens devient

naire du dominium et de la potestas patria. Ihering ne paraît pas en tenir compte, lorsqu'il affirme l'identité, au debut du droit, de ces deux espèces de la souveraineté familiale.

185. Une série d'exemples historiques sont inintelligibles sans elle : Liv. II. 61 ; Val. Max. V. 8. 2. « adhibito propinquorum et amicorum consilio » id. V. 8. 3. — Cf. sur le fils de Manlius Torquatus : Klenze *l. c.* p. 27, 28 n. 1., 29 n. 2. — Liv. 39. 18. 6 : après la conspiration des Bacchanales on remet les coupables à leurs familles. — Sp. Cassius est mis à mort par son père après sa sortie de charge : c'est un verdict domestique qui le condamne « cognita domi causa, eum verberasse et necasse ». Liv. II. 61. — Les condamnations capitales sont fréquentes : Val. Max. V. 8. 3. : voigt, *l. c.* II, p. 279, cite tous les exemples. — Cependant on relève au moins un acquittement, celui de L. Poplicola accusé d'inceste avec sa belle-mère ; dans Val. Max, cité par Voigt. *l. c.*

186. Pàul Orose. III. 9. V. 16. — Le cas se présente à la fin de la République et la cité intervient : Q. fabius Maximus Cn. Pompeio accusante damnatus est « Klenze. *l. c.* p. 29. n. 2 En 447 a. U. C on exclut du sénat Annius qui a répudié sa femme sans consiliuum amicorum. Val. Max. II. 9. 2. — D. H. XX. 13. 3. Aux cas où les historiens nous présentent le père comme agissant seul, c'est au nom de la cité, non comme paterfamilias qu'il sé-

donc comme une délégation de la puissance publique et un jury domestique. Cela est si vrai que l'accusé
peut se soustraire par un exil volontaire (187) à
cette justice privée comme à la justice publique.

Le tribunal de famille fut, sous l'empire, absorbé
peu à peu par la juridiction de l'Etat. Sous Tibère
et sous Néron encore (188), on cite deux cas où se
réunit l'assemblée de parens ; mais de plus en plus,
et par d'autres brèches, le droit de la cité entrait
dans la famille. Dès lors le contrôle primitif devint
une garantie archaïque : nul texte ne le mentionne
depuis Suétone jusqu'à Valentinien. Alors même, il
semble que la constitution de 365 (189) n'exhume

vit. Manlius Torquatus fait tuer son fils qui combat contre ses
ordres, mais c'est ici le général non le père qui dit le droit.
— Sic fresq. p. 136. *Contra* Esmein, *Le délit d'adultère à Rome*
p. 77.

187. Val. Max. VI. 1. 5. Q. fab. Max. servil exigit a filio
unico pœnas dubiæ castitatis : is ea perpendit voluntario se-
cessu conspectum patris vitando. — Cité par Klenze *l. c.* p. 29.
n. 4.

188. Suét. Tib. 35. — Tacite, Ann. XIII. 32.

189. Sous Sévère et Antonin C. 1. (5. 4.) un rescrit mentionne encore le rôle des parents en une matière très accessoire :
le choix d'un mari pour la fille. Un rescrit de Dioclétien, C.
2. 8. 48 paraît exiger leur consentement pour l'adrogatio. —
En 365, la C. 1. (9. 5.) porte que les parents auront désormais le droit de correction légère ; on vise l'hypothèse de disparition du père. Au cas de faute grave, les parents porteront
le fait à la connaissance du magistrat. Voilà tout ce qui reste
de ce jury du foyer aux fastes sanglants.

le tribunal des parens que pour en bien constater la disparition définitive.

D'autres pouvoirs de contrôle s'étaient développés qui l'avaient rendu inutile.

b). La Censure. — Dès la république, une autre garantie naissait; la cité protégeait l'enfant par ses magistrats (190 . L'abus ou la négligence du droit paternel fut assimilé au mépris des *mores boni*. Historiquement, la censure continue (191) la famille. On conçoit une transaction : *la gens.* La censure est créée en 313 de Rome, mais c'est une forme neuve d'une vieille institution. La *gens* est comme une société de puissances égales et coordonnées où l'ensemble des associés exerce sur chacun un contrôle sévère. Le *paterfamilias* y est soumis : il doit compte à ses associés de la façon dont il exerce sa magistrature familiale. Il le fera, car la *gens* exclurait le rebelle des cérémonies du culte. Ainsi Rome ne res-

190. On a rencontré dès les premiers siècles de l'empire une *intervention analogue pour l'élement de droit privé de la potestas.* — Sup. (§. III, A, IV. *b. β.* 2. *α')* n. 107.

191. Ihering (I, 192. 194.) met en lumière ce point de vue général. Un renseignement de Voigt (XII, t. II, §. 169. n. 23,) transforme la conjecture en certitude : Denys d'Halic (IX. 22.) rapporte qu'une loi très ancienne (αρχαιος νομος) de la gens fabia imposa à tous ses gentiles l'obligation d'élever leurs enfants et leur défendit de les exposer. Le droit de la cité mettra quelques siècles à obtenir le même résultat.

treint pas la liberté, mais l'ingérence très large de la *gens* empêche l'abus de naître.

Mais la *gens* est patricienne ; or au quatrième siècle, l'institution décline avec la hiérarchie des classes. En 311, la loi Canuleia mêle les deux ordres ; la gentilité s'effaiblit, les familles se confondent. Il faut que la police des mœurs s'étende, car la cité est la famille des plébéiens. Ainsi la censure substitue la cité à la *gens* (191ª). Comme celle-ci, elle édicte des peines : la communauté répudie l'indigne.

Ce contrôle fut pratique. Un père abuse de sa potestas ; Manlius *imperiosus* relègue aux champs, parmi les esclaves, un fils qui sera Torquatus. Le tribun M. Pomponius (192) cite le père devant l'assemblée du peuple au nom du droit de contrôle de la cité.

Le magistrat domestique va plus loin : il fait périr son fils sous les coups (193) : « le peuple en fit justice *memoria nostra* » dit Senèque.

*

191ª. L'expression qui caractérise les décisions de la gens est la même que pour la censure : « nota gentilicia adjecta. » Liv. VI. 20.

192. Liv. VII. 4.

193. Senec. Clem. I, 14. Erixionem.. quia flagellis filium occiderat populus in foro graphiis confodit. — Le contrôle censorial peut s'exercer comme une garantie du second degré, en contraignant le père à s'entourer pour statuer, d'un tribunal domestique. — *sup.* n. 186. — La correction infligée est

Ainsi le père doit peser exactement les peines
qu'il prononce, car un juge est au dessus de lui qui
juge ses jugements. Le censeur veille même à ce
qu'il respecte, lui aussi, les préceptes qu'il impose
aux siens. Celui qui donne à ses fils des exemples
pernicieux (194) sera frappé. En fait le devoir moral
est mis ainsi au rang de devoir strict, puisqu'il a
comme sanction éventuelle l'exclusion de la vie
commune et de toutes les magistratures.

Le contrôle censorial dérive de celui de la gens ; il
se superpose à celui du tribunal de famille. Ce dernier disparaissait de nos sources avec l'empire. Mais
Vespasien et Titus (195) sont en 74 denotre ère les
derniers censeurs ; peut être donc qu'en des développements parallèles d'autres garanties étaient nées
au profit de l'enfant.

c). L'état.

Avec la censure, déjà, l'autorité entrait dans la vie

elle-même appréciée souverainement. D. XX. 13. 3. et Plut.
Caton. 16.

194. Plut. Cat. 17 cité par Voigt. § 94. n. 27, rapporte qu'un
époux fut puni par le censeur pour avoir embrassé(?) sa femme
en présence de sa fille.

195. Bethm-Hollw. III, p. 59. 66. A l'époque de la loi Pompeia de *parric* (Voigt. § 173. n. 12.) on assimile pas au parricide le meurtre de l'enfant par le père, donc le contrepoids
du jus vitæ necisq est bien la seule animadversio du regimen
morum : nota censoria et piaculum religieux. (id. § 46, n.
35).

privée ; elle gardait cette souplesse, et au point de vue du droit, cette indétermination qui laissent intacte la personnalité juridique du *paterfamilias*.

On conçoit une autre intervention de l'Etat, prévenant l'abus au lieu de le réprimer après coup, limitant *a priori* la puissance de l'individu, s'immisçant moins dans la vie privée, y pénétrant plus sûrement : des textes au lieu de mœurs ; Tacite dit que cela est décadence.

Cette évolution se produisit à deux points de vue : α). On ne s'attaque pas de prime abord au droit qu'on veut ruiner, on le vide de son contenu, on lui dérobe des cas d'application : c'est une lutte de compétence où l'Etat triomphe toujours ; 6) Plus tard, il prendra corps à corps l'adversaire qu'il aura ainsi diminué d'avance.

α). — Dès le quatrième siècle, une série d'évocations par le droit de la cité, comme de cas royaux avent la lettre, retirent au *paterfamilias* les occasions d'exercer son droit de punir.

Les exemples abondent. Les *delicata privata* embrassent d'abord presque tout le droit pénal, l'Etat n'y joue le plus souvent qu'un rôle accessoire, fixant la qualité et le degré de la peine. En fait, la vengeance privée s'exerce rarement sur l'enfant : le *paterfamilias* le punit à son gré et *pactise* avec le tiers lésé. L'Etat va se charger peu à peu de la répression. Le mouvement est commencé dès l'époque des XII tables : au cas de *furtum manifestum*, le *delinquant familiaris* est enlevé à la justice de son chef de famille (196) : il sera jugé par le *jus dicens*. Au cinquième siècle, la législation tribunitienne de la *proditio* (197) est une nouvelle confiscation du droit de punir par la puissance publique. — Les *leges juliæ* eurent plus d'importance : le crime d'adultère appartenait jusque là au *judicium domesticum* (198) et l'Etat respectait le droit du *paterfamilias*; la *lex julia* y substitue en 738 a. u. C. la répression publique (199).

Ainsi le magistrat domestique était vaincu dans la lutte des compétences.

6). — La puissance publique intervint en outre d'une façon directe. Le mouvement se dessine dès la république : il rendra inutiles tous les pouvoirs de contrôle.

196. Tab. VII, 12. 14.

197. Par exemple dans le cas de C. Plautius Venox et de Q. Fabius maximus Eburnus. Cf. Voigt. t. XII, § 178. n. 40 et § 173. n. 12.

198. D. H. II, 25. A. Gell. 10. 23, et Schulin. *l. c.* p. 142. § 38 n. 10. — Cf. Esmein. *Mélanges*, p. 73.

199. Il est vrai qu'elle laisse subsister le droit du père de tuer le complice de la fille adultère, mais elle précise les circonstances et les conditions : il faut que la fille n'ait pas été émancipée, que l'adultère soit commis dans un tel lieu, que le père tue en même temps la fille, etc...

On peut suivre ce développement à propos de chacun des droits spéciaux du père.

1). — Il peut chasser l'enfant de la famille et de la cité par la vente en esclavage et l'*abdicatio*. La vente en esclavage a dû disparaître sous la République (200), par une désuétude qui explique le silence des textes.

L'*abdicatio* dut cesser d'être employée comme châtiment, au plus tard vers 401 a. U. C., date où la jurisprudence la fit entrer dans la forme parfaite de l'émancipation, car l'enfant désormais, en perdant ses droits, eût perdu ses devoirs, devenant *sui juris*. On fit un pas de plus au II° siècle (201); le droit d'émanciper lui-même fut expressément subordonné à l'assentiment du fils.

2). — Les droits du père sur la personne physique de l'enfant eurent des destinées analogues :

α'). — Le droit d'exposition dut être limité de très bonne heure par la religion et les mœurs : une règle traditionnelle (202) exigeait que le père élevât tous

200. Al'époque de Constantin (323) il est certain que depuis très longtemps le droit n'appartient plus au père. C. th. 2. (4.8).

201. Paul. II, 5.5. — Le droit de l'Ecloga. [Ecl. II, ς'. éd. Zachariœ 1852, p. 18] reproduit la même règle.

202. Ces dispositions figurent–elles dans une Lex regia de Romulus ? Cf. (Den. hal. II, 15.; Voigt. XII, t. p. 579, id. *Leg. reg.* p. 22.) *contrà.* M. Girard, p. 6 Kuntze. Exc. ch. 18. — Cela dépend du parti que l'on adopte sur la question des leges regiæ.

de ses enfans mâles et sa fille aînée : il n'avait le droit
tuer le nouveau né mal conformé qu'après avis de
cinq voisins (203). — En fait le père usait de son
droit. Les expositions sont pratiques et légales, semble-t-il, au premier siècle de notre ère (204). L'exposant ne paraît pas déchu de sa puissance (205).

C'est seulement à la fin du second siècle qu'une
évolution décisive se dessine : les prudens assimilent
désormais au meurtre de l'enfant adulte l'exposition du nouveau né (206) ; les restrictions générales
apportées au *jus vitæ necisque* s'appliqueront.

Le père encourra en outre certaines pénalités ;
Valens et Valentinien créent en 374 une déchéance
spéciale : le père exposant perdra à tout jamais la
puissance paternelle (207).

---

203. Portentum ou monstrum (αναπηρον) ou prodigium
(τερας). Voigt, *Leg. reg.* n. 44. — La même lex regia porterait
prohibition de tuer les filles cadettes au dessous de trois ans. —
Cette clause paraît difficilement coutumière et ressemble plus
au détour d'un législateur.

204. Quintil. (42-120), Décl. 278.

205. Sous Trajan, Pline (Liv. 10. let. 70-72.) rappelle des
décisions d'Auguste et de Titus, de conditione et alimentis fi-
liorum, sans que rien fasse soupçonner des mesures plus énergiques.

206. Paul. II, 24.10. et f. 4.(25.3).

207. 2. (8.52.) confirmée par Justinien : C. 3.(8. 52.) 529. —
Contrà merlin (vᵒ, exposition de part nᵒ II.) qui croit que la
C. 2 ne vise que le dominus exposant le fruit de son esclave.

6') *Le jus vitæ necisque,* auquel Paul assimile l'exposition subit des restrictions analogues.

Les deux stades extrêmes de l'Evolution sont le
droit limité par le contrôle familial d'une part, de
l'autre, en 318 de notre ère (208), la peine des parri-
cides contre le père meurtrier. A la fin de la république, *la lex pompeia de parricidio* ne commine aucune peine contre le père, mais dès avant le troisième
(209) siècle, les prudens appliquent la peine à l'aïeul
qui tue son petit fils. *Le jus vitæ necisque* subsiste à
l'époque de la loi *Julia de adulteriis* (210) ; sous Hadrien, le prince sévit en des cas particuliers contre
le père qui en use (211). La prohibition complète doit
se placer vers le milieu du second siècle, entre Adrien
et Paul (212). Il est vraisemblable que le père qui en-

Le mot *nec* est décisif contre Merlin. — De la déchéance de la
puissance paternelle il suit notamment que le père ne peut
plus revendiquer l'enfant. (C. 2).

208. C. 1. 9. 17. Cth. 1. 9 15. Gothofr. t, III p. 119.

209. Voigt. XII t. p. 797 § 173 attribue cette disposition à la
lex Pompeja, mais le f. 1. (48. 9) Marc montre que le texte de
la loi n'en parle pas.

210. F. Papin. (coll. leg. 4. 8.) lib sing. de adult. — On cherche pourquoi on donne spécialement dans la loi le droit de
tuer la fille et son complice puisque le jus vitæ necisque
existe.

211. F. 5 marc. 48. 9.

212. Paul f. 11. in fine. 28. 2. parle du jus necis comme

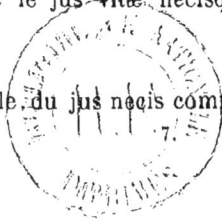

freignait cette prohibition perdait complètement la *potestas patria* (213).

d'une institution qui n'existe plus. Cela est confirmé par Ulpien f. 2. (48. 8.) et Alex sevère en 228. C. 3. (8.47).

213. Puisqu il perdait la cité. Car on prononçait probablement la deportatio in insulam (sup. n. 211.) ; à l'époque de Marcien on applique à l'aïeul au moins l'aquæ et igni interdictio de la lex Cornelia de sicariis puisqu'on le traite comme parricide ; or ces peines emportent sous l'empire perte de la cité. (cf. les textes dans Schulin. *l. c.* p. 146, n. 1-3.), — Cette solution s'impose donc : elle soulève une difficulté sérieuse : on a assimilé au IIe siècle (sup. n. 206) l'exposition au meurtre ; or dès l'époque de Marcien le père meurtrier est déchu de la potestas. Pourquoi la C. 2 (8.52) édic e-t-elle en 374 cette déchéance contre l'exposant ?

Est-ce que le jus necis n'a pas disparu à l'époque de Paul ? Pithou le croit et soutient que le mot licebat du f 11. 28. 2 est terpolé arg : le texte de Paul est du lib 2. ad sabinum, donc écrit sous Sévère (193-211) ; or Papinien (coll. leg. 4.8) lib. singul. de adult. parle du jus necis, et il écrit vers 211, donc antinomie, donc interpolation de Paul et non de Papinien avec lequel la C. de 374 a un sens. — Rép : 1) le f. Papin. ne prouve pas que le jus necis existât au moment ou Papin. écrit (arg. consultatio d'un tiers « curiosus » qui croit aux Leges règiæ sup. n 170). Il montre seulement qu'il existait lors de la lex Julia. (En ce sens déjà Gotofredus : interp. sous f. 2. (4.8) Cth. ed. 1736. t. I, p. 406.) — 2) Il se peut (on ne connaît pas la date du lib. singul. de adult. Cf. Krüger gesch. der. quell.. p. 197) que le texte de Pap. fût antérieur à 193 : la réforme se serait opérée dans l'intervalle ; — 3) les textes d'Ulp. et d'Alex. Sév. viennent à l'appui de cette opinion (sup. n. 212) Donc l'explication de Pithou manque; la question revient. — La solu-

Ainsi la vie de l'enfant est désormais protégée ; le
droit du père sur sa personne se borne, dans le dernier état de la législation, à celui d'infliger une correction légère (214) ; le recours au magistrat s'imposerait pour une faute plus grave : il prononcerait
la sentence sur la réquisition (215) du père. L'influence du magistrat, probablement les formes d'un
jugement au cas d'accusation capitale, seront pour
l'enfant des garanties appréciables.

tion la plus simple est que la C. de 374 ne touche la déchéance qu'accessoirement et qu'en tous cas le législateur du bas
empire ne craint pas de se répéter. La preuve en est ici la C.
de 218 (c. 1. 9. 17.) appliquant au père meurtrier la peine du
parricide ; elle rend certainement inutile la C. de 374. On
maintient donc les dates suivantes :

1) A l'époque de Paul : assimilation de l'exposition au meurtre ; 2) 193-211 : disparition du j us necis ; 3) avant Marcien,
application de la L. Cornelia au père meurtrier et déchéance ;
4) 318 : restauration de la *pœna culei* et répétition de la déchéance ; 5) 374 : établissement du droit du nourricier et
2ᵉ répétition de la déchéance.

214. Dans le droit de l'Ecloga. Ecl. II, ξ' : « parens ne vous
irritez pas contre vos enfants mais élevez les » Cf. un précepte
égyptien très analogue (n. 14. sect. I, B). Peut-on dire qu'il y a
eu là une tradition héritée ?

215. Une cognitio causæ est vraisemblable ; en ce sens : la
la grande glose ad. C. 1. (8.47) arg. anàl. f. 1₁₀ (1.12) : le patron qui veut châtier son affranchi s'adresse au prœfectus urbis qui examine le fond. — *Contrâ* Ayrault. *l. c.* arg. « dictu-
rus sententiam quam tu quoque volueris » dans la C. 3 8. 47);
ce qui revient exactement à l'interprétation chinoise d'une règle analogue (Cf. sup. sec. I, Ch. I, n. 4).

§ V. — Limitations générales.

On a envisagé le droit du *paterfamilias* sous deux aspects spéciaux, comme un droit privé, comme une magistrature domestique. Ces cadres sont peut-être artificiels : considérons le donc en général; achevons de le replacer dans son milieu historique, en le mettant en face de la cité romaine. On assiste ici encore à une intéressante et progressive pénétration du droit nouveau de l'Etat dans le vieux droit de la famille. La souveraineté paternelle se heurte à une certaine époque I) à des déchéances générales et II) au droit rival de la cité même.

I. — *Déchéances de la puissance paternelle.*

Un père indigne demeurera-t-il investi de sa *potestas* ? On peut diminuer entre ses mains, en de certaines hypothèses, son droit de possession, sa magistrature domestique ; sa puissance même parfois lui échappera (216). Un système plus large se développait parallèlement, sans qu'on parût d'ailleurs

---

216. Depuis les XII tab., par l'abus du droit de vente (n. 128), en 428 par la prostitution de la fille (n. 142) ; en 374 par l'exposition (n. 207) ; en 318 par le meurtre de l'enfant (n. 213).

innover jamais en la forme et par le seul jeu de deux principes très-anciens *a)* la *capitio deminutio,* et *b)* la déchéance de la IVe table.

a) — *Perte du jus civitatis.* La *patria potestas* est une souveraineté de droit étroit, sur un groupe fermé, sévèrement surveillé par des Dieux effrayans (217), exclusifs : un *civis romanus* seul à des droits : la perte du *jus civitatis* entraîne celle de la *patria potestas.*

Or le droit de cité est fragile : le père indigne le perd très souvent, celui qui ne l'est pas le perd aussi quelquefois. Il suffit d'appliquer les principes généraux.

1). Le père peut devenir esclave *jure civili.* Sous la république, le refus de service militaire, d'inscription au cens (218), l'*addictio* du débiteur insolvable (219) ont ce résultat.

Il en est de même, à l'époque classique, des condamnations *ad metallum, ad opus metalli, ad bestias* (220) ; de la vente fictive en esclavage à laquelle le père se serait prêté de mauvaise foi pour tromper, de complicité avec un tiers, un acheteur de bonne

217. M. J. Martha à son cours, 1887.
218. Cic. pro Cœc. 34. 99.
219. A. Gell. XX. 1.
220. FF. 8₆. (48. 19). 5₃. 50. 13.

foi (221). Depuis Claude, le père affranchi qui met
en question, par une action en justice, l'état de son
patron (222) redevient esclave, et il suffit de l'ingratitude, depuis Commode (223) pour lui faire perdre
avec la liberté la *patria potestas*.

2). Il la perdra encore lorsqu'il sera frappé d'une
pœna capitalis ; l'interdiction de l'eau et du feu, devenue sous l'empire la *deportatio in insulam* ; la condamnation perpétuelle *ad opus publicum* (224).

Des lois spéciales complètent ce système de pénalités. Le père commet un adultère (224ᵃ), un inceste
(225), il fait le commerce appelé *lenocinium* (224ᵃ),
*ambulat cum telo, hominis necandi causâ, venenum ma-
lum fecit, emit, dedit*, il fait des incantations magi-
ques, compose un philtre amoureux (226) intente une
accusation calomnieuse (227) ; en tous ces cas, une

---

221. Il en est ainsi probablement dès la fin de la République,
arg : f. 23ₚ. 40. 12. Paul citant Q. M. Scœvola. — Cf. ff. 3ₛ.
(40. 13).

222. Suét. Claud. 25. — F. 5. 37. 14.

223. Ingratitude qui doit se manifester d'ailleurs par des
négligences graves. — Accarias, I, p. 96.

224. FF. 4. 2, (48, 19) 1. J. 1. 12.

224ᵃ. Lex Julia de adult.

225. Nov. 12. C. 2. annᵒ. 535. La déchéance existe ici encore qu'un exilium justum n'entraîne qu'une cap. dem. minima.

226 Lex Cornelia de sic. Paul, V. 23. 14.

227. En un jud. public. tendant à faire prononcer une peine

déchéance totale fait disparaître nécessairement la *potestas*. La grâce, la remise de la peine même ne l'effaceraient pas de plein droit ; il faudrait, pour que le père reconquît ses droits, une *restitutio per omnia* ou une grâce spéciale (228).

3). Il se pourrait faire enfin que la *patria potestas* fût perdue par le jeu des principes sans que l'on pût reprocher au père un acte coupable ou immoral quelconque. Il en serait ainsi toutes les fois qu'il cesserait d'être citoyen, par sa propre volonté, *dicatione* (229) *postliminio* (240), ou en se faisant inscrire dans une colonie (231) ; toutes les fois en outre qu'il perdrait, sous la république, la liberté *jure gentium* : prisonnier par exemple dans une juste guerre (232) ou livré à un peuple étranger par le *pater patratus* (233).

capitale. Lex Remnia. C. 17. (9. 2). Schulin. *l. c.* p. 151, n. 2.

228. Cela est certain. C. 9. 9. 51. Diocl. La clause « ut liberos in potestate reciperet » ne se présume pas. — 1. J. 1. 12.

229. Un civis peut abdiquer sa patrie pour devenir membre d'un Etat indépendant (civitas).

230. Un esclave étranger devenu citoyen par son affranchissement renonce à sa nouvelle condition pour retourner dans sa cité natale. — Cic. Balb. (11. 28).

231. Cic. pro domo. 30. 78. — Cœc. 33. 98.

232. FF. 5₂. 19₂. 21₁. 24. (49. 15).

233. Cic. Cœc. 34. 98. *supra.* n. 165 et Mispoulet. Inst. jurid. t II, p. 184, n. 7.

La construction artistique de la *patria potestas*
comme souveraineté à base religieuse et civile conduit ainsi à un système de déchéances très sévères,
parfois disproportionnées parce qu'elles sont dé-
duites, non motivées.

b) Emancipation forcée. — L'intervention *extraordinem* du magistrat permit, au plus tard sous l'Empire, de faire un pas de plus. La loi des **XII** table enlevait la *potestas* au père qui abusait de son
droit de vente ; on se servait déjà de cette disposition pour réaliser une émancipation plus équitable
que l'ancienne *abdicatio* : on imagina de faire de
l'émancipation elle-même un acte apparent (234) ; le
magistrat contraindra, en vertu de son *imperium*, le
père à émanciper, la déchéance s'imposera au fond,
la souveraineté paternelle sera respectée en la forme.
Dès la fin de la république, les *familiares* libres (235)
pouvaient déposer devant le Consul une plainte contre leur *paterfamilias*. Depuis Antonin le pieux, *l'a-
drogé* impubère qui arrive à la puberté, étant encore
en puissance de l'adrogeant, peut établir devant le
magistrat que l'adrogation ne lui a pas été avanta-

234. Ihering. Esp. II, 257. — Le même expédient est em-
ployé de bonne heure en faveur du fils donné en mancipium·
G. I. 141. *sup.* n. 117.

235. Val. Max. VI. 1. 9. dans Voigt. XII, t. § 93. n. 21. II,
p. 270.

geuse et exiger son émancipation (235ᵃ) ; un simple
préjudice moral suffit à le faire triompher ; le mouvement se dessine surtout sous Trajan : nous voyons
l'empereur contraindre un père à émanciper un fils
qu'il maltraitait (236) ; une jurisprudence constante
se dut former en ce sens, l'énumération des cas de
déchéance demeurant d'ailleurs inutile et impossible puisque le droit restait souple et que le magistrat
appréciait en chaque cas particulier l'opportunité et
la portée de son intervention.

Ainsi l'intervention de l'Etat avait fini par se faire
admettre là où le père abusait en fait des droits qui
lui restaient.

235ᵃ. FF. 32ₚ. 33. adopt. — L'adrogé mineur de 25 ans
peut obtenir l'in integrum restitutio en faisant la preuve d'une
lésion pécuniaire. F. 3₆. 4. 4. — Demangeat, *cours de dr.*
rom. I. p. 302 est une que l'émancipation forcée se confond
en tous cas avec cet in integr. restit.; cela est contestable le F.
33. *l. c.* est général.

236. La prohibition du jus necis s'est affirmée ainsi d'abord
par des solutions d'espèce Cf. *sup.* n. 211. — A l'époque d'Ulpien, il est probable que la cognitio extraordinem règlait aussi
entre père et fils les secours alimentaires et que le père qui
les refusait pouvait perdre sa potestas. — En ce sens : Voigt
XII, t. II, § 93. p. 270. n. 21. — Cf. Savigny Sav. stif. t. VI,
p. 238. n. 1.

II. — *La potestas et la cité romaine.*

Une dernière question se posait. Il est vrai que tout abus sera réprimé sévèrement, que cet abus même se produira très rarement; mais la puissance paternelle est, en droit, illimitée dans sa durée; or il se peut que le fils fût parvenu à l'âge mûr, qu'il eût des devoirs envers la cité : les pourra-t-il remplir? Il est investi d'une fonction publique, il représente le peuple romain ; l'exercice, même légitime, de la *patria potestas* est déplacé, inconvenant; demeurera-t-elle intacte?

a). — Nulle majorité ne fit disparaître la puissance paternelle avant le droit de l'Ecloga, le fils pubère pourra cependant exercer par lui-même certains droits. On lui donne, lorsqu'il prend la *toga virilis*, un *prœnomen* distinct qu'il garde dans la vie civile; il est probable qu'il doit se présenter lui-même au *census* (237) et figurer par son nom sur les listes de citoyens. Dès la république, il est vraisemblable que le fils majeur de 17 ans, convoqué par l'édit consulaire pour le *dilectus* annuel, échappe au moins d'une façon relative, à la *patria potestas* : le magistrat aurait refusé de sanctionner le veto paternel l'empêchant de se rendre au Capitole au jour fixé (238).

237. Secus des impuberes, *sup.* n. 2ª. Karlowa. *l. c.* p. 80.
238. Polybe. VI. 19. 20. — Mispoulet. *l. c.* p. 356.

b). — A une époque très reculée déjà, l'enfant revêtu des hautes dignités religieuses devient *sui juris* : le *flamen Dialis*, la *virgo vestalis* ne sont pas soumis à la puissance paternelle. Ces exceptions semblent isolées sous la République. Il est même probable que le père put intervenir souverainement (239) dans les fonctions publiques du fils. Cependant, de très bonne heure, ce droit lui fut contesté et (240) il attendait en général, pour exercer sa *potestas* que son fils fût sorti de charge. (241) Sous l'empire, le principe contraire prévaut décidément : Pomponius (242) le pose sous Hadrien d'une manière absolue. La puissance paternelle est désormais

239. Voigt. XII t. § 97. n. 6, et §. 178. n. 64, cite des exemples nombreux. Ainsi en 522. Flaminius arrache jure patrio, de la tribune où il défend une loi agraire, son fils tribun du peuple. (Cic. inv. II. 17. 52.). — Q. Servilius Priscus décide quelle province recevra son fils. Liv. IV. 45. 8. ; il est vrai que tous ces exemples semblent cités par les sources comme des cas d'abus.

240. *Cic. l. c.* choisit la question « minuat ne is majestatem qui in tribunitiam potestatem patria potestate utatur » comme exemple d'une controverse.

241. Ex. Sp. Cassius. p. *sup.* n. 185 A. Gell. (cité par Révillout *l. c.* p. 168.) rapporte qu'un fils consul fit descendre de cheval son père proconsul.

242. Filius familias, in publicis causis, loco patris familias habetur, veluti si magistratum gerat. — f. 9. (1. 6). et Adrien f. 77. 5. 1. — Le fils peut juger son père, f. 6. (4. 8.) Gaïus.

suspendue pendant la durée de la magistrature du
fils. Sous Justinien (2 3) le fils patrice y est soustrait toute sa vie, et le même privilège est accordé
aux évêques et à ceux que des dignités civiles dis-
pensent de la curie.

§. VI. — Conclusion. — Justificattion de l'hypothèse méthodologique ; notion de la patria potestas.

Les sources nous ont fourni un certain nombre de
renseignemens; on a essayé de les classer : on demande maintenant leur valeur ; on cherche à définir
la *patria potestas.*

Est-elle un droit de propriété ? — on l'a soute-
e u (244) en s'appuyant sur les textes qui affirment
la souveraineté du père.

243. C. 5. (12. 3.). C. 66. (10. 31). Nov. 81. Arg : le patrice
est reputé père du prince.

244. Glück. Comm. vol. II, §. 133. p. 237. n. 20, cite les anciens auteurs en ce sens, depuis Paschalis (de viribus patriæ
potestatis, uratislaviæ 1672. in–fol.) jusqu'à E. von Globig
(Dresde, 1789.) et Bynkershoeck (in eius opusc. Lug. 1792. 4.
n. III, p. 145.). Glück argumente notamment d'un texte de
Den-Hal : » et peccunias et corpora liberorum, patribus ad
eorum arbitrium tradit lex Romuli », et d'un f. Ulp. 195₂ V.
S. « pater familias appellatur qui in domo *dominium* habet... ».
Le texte de Den-Hal n'a pas de valeur (*sup.* n. 170) et celui

Ont-ils cette portée ? (245) — Cela est contestable (246). La puissance paternelle se présente comme un droit absolu : mais la forme est un indice trompeur : il faut savoir de quelle matière on remplit le moule. Or, qui voit par le dehors le droit de vente et de garde, le *jus vitæ necisque,* voit l'écorce des choses ; qui lit le texte d'Ulpien sur la *filii vindicatio* s'attache au squelette de l'histoire ; il s'agit de connaître l'essentiel, qui est la vie juridique.

Alors, au lieu que la puissance paternelle fût une notion aussi simple qu'un *jus in re,* il semble qu'on

d'Ulpien ne touche pas à la question. — En ce sens v. Ihering (Esp. II, p. 177. n. 280) affirme que la *seule* différence entre l'enfant et l'esclave est la restriction de la IVe table et qu'il n'y en a pas avant.

245. On la leur donne très aisément si, selon la méthode chère à l'Ecole du droit naturel, et à laquelle tous les traités d'ailleurs demeurent fidèles, on traite cette question générale avant d'entrer dans le détail des textes. Il est surprenant que Ihering ne remarque pas que ces formules absolues sont l'écorce des choses et que la forme n'est pas tout le droit romain. En ce sens, De Fresquet. *l. c.*

246. Karlowa, *l. c.* p. 79 80, qui *commence* bien entendu par se poser la question générale, la résout contre l'assimilation de la potestas à un dominium, mais comme il lui faut démontrer alors *a priori* une vérité de fait il se contente de généralités vagues : il fait du f. 13. (23, 1.) *sup.* n. 147. un principe général sans distinction d'époque. — Il rejette aussi partiellement la notion de la patria potestas conçue comme imperium domesticum, sans qu'on aperçoive très bien ses motifs.

peut distinguer en elle deux aspects, moins nettement opposés peut-être que ne laisserait supposer
l'hypothèse qui a servi de cadre à cet exposé, mais
discernables par l'analyse, réels d'ailleurs tous deux,
puisque les textes les confirment, les justifient
exactement. A ces deux points de vue, la *potestas
patria* présente un caractère singulier, irréductible.
Elle est un droit privé, cela est certain, elle procure
des avantages au chef de famille : il vend le travail
de l'enfant, sa personne. Elle est en même temps la
magistrature domestique d'un chef qui conserve la
race et qui fait régner la justice par la contrainte.
Puis, l'Etat intervient, il garantit certains de ces
droits, les prend sous sa sauvegarde : le père pour-
suivra la détention de son fils par une *legis actio*, des
interdits ; à l'inverse, il en méconnaît d'autres qui
s'affirmaient d'abord : il écrit la prohibition des XII
tables.

Bientôt, cette seconde tendance s'accentue ; directement ou indirectement, il sape l'une après l'autre toutes les prérogatives paternelles, jusqu'à ce
qu'enfin le magistrat qui a la haute main sur la for-
mille, puisse obliger à son gré le père à laisser échap-
per lui-même la puissance dont il abuse.

Qu'est-ce à dire ? — La puissance paternelle s'est-
elle transformée radicalement ? — Est-elle autre au
temps de Caton, autre sous Auguste, autre encore au

bas empire : un *dominium* sous la république, un pouvoir de protection délégué sous Justinien ? Faut-il dire que rien n'a duré dans cette évolution, que les *inventions* se sont succédé et qu'il n'y a pas un fil continu dans le tissu bigarré de l'histoire ?

Il ne le semble pas. Il y a un biais sous lequel les faits paraissent se relier, s'expliquer.

La *patria potestas* apparaît à une époque reculée comme une puissance sévère, dure : une singulière férocité anime ces *patresfamilias* de l'époque du *nexum*, qui exposent les nouveaux-nés, tuent les adultes, brisent les mariages, tourmentent leurs petits-fils et leurs neveux et apparaissent à vrai dire comme une longue série de tyrans. — Mais M. Tarde dit quelque part que les maisons des Ossètes du Caucase sont constituées aujourd'hui encore de façon singulière : au dehors, une forteresse, le roc abrupt, l'abord difficile, périlleux ; au dedans toute une famille unie et les commodités de la vie. La monade sociale est quelque chose d'analogue : close en soi, étroite, confortable et douce au dedans, forteresse au dehors.

On la regarde du dedans, on y voit l'équité, la responsabilité morale et pénale ; on la regarde du dehors, on y voit des actes sans raison : on assiste à une exécution ; on ignore la faute, le droit, le verdict.

Si cela était, une idée directrice se cacherait sous

les faits que relatent nos textes. Regardons la *patria
potestas* du dedans, du côté de la famille : est-elle un
despotisme ? — Le tribunal des parents démontre assez le contraire ; quelle garantie analogue pour un
esclave ? Dira-t-on que c'est une institution récente
— Mais les tribunaux de famille, avec le caractère
moral, sentimental de leur justice et de leur péna-
lité se rencontrent à l'origine de presque tous les
peuples indo-européens ou sémitiques ; ils fonction-
nent encore chez les Kabyles, chez les Ossètes du Caucase. D'ailleurs un certain nombre de règles, leur
jurisprudence peut être, à tout le moins traditions
coutumières religieuses aussi probablement, parvien-
nent jusqu'aux jurisconsultes romains qui en ont
perdu le sens et en font les *leges regiæ*. Ce sont là
des *vestiges incompris* de ces relations internes, ma-
laisées à apercevoir, que les jurisconsultes notent à
peine comme font aujourd'hui les voyageurs qui affirment que des primitifs sont grossiers et inhumains
après avoir examiné les relations de tribu à tribu.
Dans le groupe familial de l'ancienne Rome, le père
est le prêtre, il dit le droit, il le réalise, il réunit les
pouvoirs ; cela ne veut pas dire qu'il en abuse. La
justice, l'équité est à l'intérieur.

Regardons maintenant la *patria potestas* du dehors : c'est l'écorce et le fruit est caché ; c'est le pouvoir absolu, la souveraineté qui ressemble à un droit

de propriété. Cela se comprend, les actes extérieurs se ressemblent; les motifs, les sentiments sont infiniment variés. Voilà pourquoi l'argumentation de Glück et de Bynkersoeck ne vaut rien.

La même idée rend compte des variations historiques ; elles symbolisent probablement une évolution réelle, seulement elles la multiplient, l'exagèrent comme un miroir infidèle.

La distinction entre les relations externes et internes a du être absolue ; elle est très nette encore sous la République, mais bientôt l'enclos muré s'agrandit; au moins on recule les murailles pour les reconstruire un peu plus loin ; la *gens* intervient, puis la censure : c'est le groupe qui se dissout, qui se fond dans l'Etat, et nos sources reflètent maintenant du dedans ce qu'elles reflétaient du dehors. Le *paterfamilias* réunissait les pouvoirs ; la famille, les mœurs les limitait ; maintenant l'Etat intervient, la souveraineté se scinde, se déplace : elle va au magistrat, au censeur, au *proœses provinciœ*, y a-t-il plus de justice, moins de rigueur ? — On ne nous le dit pas. Le vrai est qu'il y a eu extension plus que transformation, élargissement des relations de droit, non création.

Est-ce à dire alors qu'il n'y ait pas eu progrès, que la puissance paternelle du bas empire soit la même que celle de la République aux formes près ? —

8.

Pourquoi non ? Une solution sociale n'est jamais nécessaire *a priori*. — Celle-ci cependant est vraisemblable : les mœurs romaines se sont modifiées, les idées directrices, l'idéal moral se sont transformés : Ulpien (247) a pu proclamer que les jurisconsultes étaient « les prêtres du juste », la doctrine de Zénon, celle de Jésus ont jeté dans le monde des germes féconds, plaçant les devoirs en face des droits, la liberté au dessus des hiérarchies sociales ; ces idées ont pu guider les magistrats chargés de prononcer les déchéances que le droit nouveau rendait possibles. Poser l'uniformité sous notre évolution serait un paradoxe ; solidariser absolument la forme et le fond en serait un autre, car la puissance paternelle limitée, véritable pouvoir de protection du bas empire, serait sortie des singulières rigueurs de la Rome antique ; quelle alchimie aurait changé en cet or pur le plomb vil du despotisme d'antan ?

Ainsi notre hypothèse est vraisemblable ; elle rend compte de tous les faits ; elle n'en postule pas de nouveaux. On dirait alors : En la forme, la *patria potestas* est à la fois une magistrature domestique et une puissance de droit privé ; au fond elle est la première forme de l'autorité sociale : C'est un droit général de direction et de justice, exercé toujours

247. F. Ulp. 1, (1. 1.).

sous le contrôle d'une autorité rivale ou supérieure, qui s'appelle successivement et à mesure que s'élargissent les relations de droit, la religion et la famille, la tradition et la *gens*, la loi et l'Etat.

———————

SECONDE PARTIE

L'ANCIEN DROIT

L'investigation est-elle achevée ? le droit romain entre en contact avec des coutumes barbares ; leur combinaison est l'ancien droit qu'imite plus ou moins directement le législateur moderne. Il faut suivre cette histoire en demandant à chaque époque un élément pour notre formule générale.

CHAPITRE I.

Coutumes barbares.

La notion romaine est deux fois mise en face des conceptions galliques : lors de la conquête romaine et de la conquête de Rome. Un élément nouveau entre donc ici dans le champ de l'étude : le *mundium* du *mundoaldus*. I) quelle est cette notion ; II) comment réagit-elle sur la notion romaine de *patria potestas* ?

§ I. — Mundium.

a) Interrogeons les textes, sauf *b)* à demander ensuite aux théories du secours si cela est indispensable.

a). — Les sources présentent le *mundium* comme une souveraineté très large (1), analogue, semble-

1. Le mari, le tuteur, le roi ont le mundium. (Grimm. p. 448).

t-il, à celle du *paterfamilias* romain (2), et il s'agit
encore ici de savoir comment il la faut limiter et définir à notre point de vue spécial.

1.) — Comme à Rome, le droit du père repose sur
une base religieuse (3) et les textes lui reconnaissent
des pouvoirs très étendus. Il a celui d'exposer le
nouveau-né (4), de l'exclure arbitrairement de la famille (5). Le *jus vitæ necisque* (6), le droit de vente (7)

2. La racine des termes mundium et manus est elle la
même ? En ce sens Grimm cite (p. 447) le Miroir de Saxe III,
45, qui paraît décisif « man ist vormunde sines wiwes to lïant
als sie im getruwet wird. »

3. « L'enfant, dit Ozanam, respectait son père comme le re-
présentant de la divinité ; car le père était prêtre chez lui, il
présidait au culte domestique, il consultait la volonté du ciel
en agitant les bâtons divinatoires. » — Il est remarquable
que cette religion est aussi près de la nature qu'en Grèce et
dans le droit védique, ainsi c'est à l'expédient de la paternité
par procuration que le Germain aura recours d'abord, pour
qu'un rejeton continuât le culte des ancêtres. (sup. n. 6, p. 19
et p. 22 n. 3) ; la donation publique franque (Viollet. p. 741)
emportant adoption est une forme relativement récente.

4. Grimm. 455.

5. La cérémonie d'admission est analogue au tollere romain (sup. n. 9, 10 p. 28), à l'amphidromie grecque (p. 22
n. 1), à la sacrale darbringung arienne (p. 19 n. 7) avec
libations et dation du nom. La déesse Lewana prend ici le
nom de Hewanna. — Il est vraisemblable que le droit d'exclusion s'étend aussi à l'adulte et que la forisfamiliatio (Viollet. 703) correspond à l'abdicatio romaine.

6. César. bell. gall. VI. 19. Cf. loi lombarde Lud. Aug.
Canc. I. 209 c. 2.

et de mise en gage (8) existent. Le père est magistrat et juge domestique (8ª). Il est probable que le
mariage de la fille a d'abord été une vente (9). Le
mundium paraît ici aussi énergique que la *patria
potestas*.

2). — Inversement, sa durée l'en distingue : le
fils ne demeure *sub mundio* que tant qu'un établissement séparé (10), ou l'investiture des armes (10ª)

---

7. Chez les Ostrogoths. Edict. theod XCIV. Canc. I. — Les
Frisons vendent leurs enfans aux Romains. (Tac. Ann. IV. 72.
— Grimm. 329. 461.) — Dans le dénombrement des marchan-
dises apportées au marché de Lucanie Athalaric (dans Cassiod.
Var. 8. 33). compte : pueros ac puellas.. hos merito parentes
vendunt. (Cité par Schulin. *l. c.* 254. n. 4. — La mère même
vend au cas de nécessité. (Vie de St-Julien. bibl. mss. du p.
Labbe. t. II, p. 573.

8. Edict. theod. XCV. Canc. I. L'inspiration romaine est
d'ailleurs. visible dans ce texte. Cf. Paul. sent V. 1. 1.

8ª. Anc. Laws. of. Irl. II, p. 348 : « jugement, preuve et témoignage appartiennent au père sur le fils. » — D'Arbois de
Jubainville, *Nouv. rev. hist.* 1855. p. 466.

9. Roth. 18. 3. — Le mari qui n'a pas acheté la femme
n'a pas sur elle le mundium. Il paiera, au cas de mort de celle-ci,
un wehrgeld au beau-père. (L. Alam. 54. 2. 3.) Cf. dans Canc.
II, 477. c. 2. 467 c. 2. et Leg Liutpr. LXVI dans Canc. I. 127.
c. 2. — Les formules de Canc. de missio sub mundio peuvent
se rapporter à une vente. (Grimm. 447).

10. Dans les leges Wallicie de Howell, il est certain que le
fils marié n'est pas soumis à la puissance paternelle, car le
mari seul agit en désaveu de paternité, et ce n'est qu'à son dé-

ne l'a pas revêtu d'une personnalité distincte (11).

faut qu'intervient le parent caput gentis. On retrouve d'ailleurs ce principe chez les peuples déclarés par César libres et alliés et autorisés à garder leur droit. (Laferr. I. p. 70). — Les chartes germaniques mentionnent encore (Grimm. 486-489. ; Viollet. 414 n. 2.) un partage fait par le père de son vivant entre ses enfants, qui paraît avoir le même résultat et qui fait songer à la retraite dans la forêt du droit arien, *sup.* p. 21 n. 15).

10[a], Tacite M. G. 13. — Les Leg. Wall. de Howel. Liv. II, XLIV, 3. éd. angl. p. 840. §§. 3. 4. suggèrent une hypothèse de conciliation. Deux théories sont en présence : l'une (Pardessus L. salique. diss. III p. 451.) soutient qu'une majorité, ætas perfecta, affranchit le fils du mundium ; une autre le nie (Violl 427). Il est possible que l'affranchissement pût résulter seulement de l'investiture des armes, mais que le père n'eût pas le droit de la retarder indéfiniment : « tunc, (ad XIV annos) pater *debet* ducere eum (filium) ad dominum suum et postea erit filius sub domino suo. » § 3. *l. c.* trad. Wotton. Ce serait un acte apparent imposé au mundoaldus plus ou moins sévèrement suivant les régions.

Il est remarquable en ce sens qu'on marquât le passage de l'enfant à l'adolescence par une cérémonie (capillatoria) très analogue au godhanavidhi. (*sup.* p. 21 n. 14). Pardessus. *l. c.* p. 451).

Bernard. *Hist. de l'auto pat.* p. 43, fait une distinction historique, l'investiture des armes valant pour les Germains guerriers, l'âge pour les agriculteurs. Soutenir avec M. du Maroussem (thèse 1887, p. 140), que le mundium est perpétuel en droit et ne cesse qu'en fait, par la révolte du fils guerrier, paraît inconciliable avec le texte des leges Wallicæ.

11. Tacite. M. G 13. — une différence remarquable avec le droit romain suit au point de vue de l'injure (*sup.* p. 63 n. 103[a]) L. Wall. II, XV, 29« filius si terram non acceperit nec uxorem.. ejusdem sayrhead est et ejus patris ».

On rencontre aussi de très bonne heure la trace de restrictions traditionnelles ou religieuses au droit de vie et de mort (12). Il est même possible qu'un organe de contrôle, la famille (13), ou le clan contre-balançât à une époque reculée la souveraineté du père. Cela est vraisemblable, car à tout le moins

12. Trois textes curieux en ce sens : 1) Grimm (*l. c.* 457) cite un vers d'une antique saga, d'où resulte que le père peut tuer son enfant, mais à la condition que celui-ci n'eût pas encore acquis un droit à l'existence ; — 2) Leibniz (corp. j. gent. dipl. I. 86) en fournit l'explication , en rappelant que le droit de tuer le nouveau né n'existe que « priusquam lac fugerét matris, quia sic mos erat paganorum, ut si filium autfiliam necare voluissent, absque cibo terreno necarentur ; 3) Richthofen (untersuch. uber fries. R. G. II. 1. 407) ajoute un exemple tiré de la vita Liudgeri (aº. 714). On veut faire tuer Liafburg, fille d'Adelburg ; une femme prend l'enfant, lui fait goûter à la hâte le lait et le miel ; les bourreaux la rejoignent ; il est trop tard, « mulier lictoribus dixit mel comedisse puellam et simul ostendit illis eam adhuc labia sua lingentem ». — Est-ce une matérialisation de la cérémonie arienne ou une coïnci-dence (*sup.* p. 19, n. 7) ? Il est probable qu'une imitation, au moins indirecte, relie la libation de *soma* (lait et miel. Cf. Bur-nouf. *l. c.*) à la légende de Liafburg : Le signe de communion a changé de sens et vaut par lui-même.

Il est probable encore que la vente en mariage fut de bonne heure symbolique : arg. légende d'Halgerda dans les nials-sa-gas, etc...

13. M. Gide. cond. priv. de la f. ed. 1885, p. 201. « La fa-mille germaine est une association de guerriers égaux entre eux ».

l'autorité de la mère est certaine durant la première
enfance (13a) ; le droit exclusif et absolu du père ne
se concevrait donc que plus tard et cependant avant
l'investiture des armes.

Qu'est-ce à dire ? — Des textes constatent les droits
du père, d'autres leur limitation ; les seconds sont
décisifs car il faut en tenir compte et les premiers peuvent les sous-entendre. La puissance paternelle qu'embrasse le *mundium* apparaît ainsi, très analogue à
la *potestas* romaine, comme la première forme de
l'autorité sociale reposant sur la religion et la tradition, limitée par elles. Elle se distingue seulement de
la notion romaine en un point important qui est peut-
être la marque d'un droit et d'une race, l'indice d'un
respect plus grand de l'individu, de la personne humaine : les restrictions traditionnelles, probablement
analogues à celles de l'ancienne Rome et des préten-
dues *leges regiæ* sont plus énergiques en un point
puisqu'elles limitent par l'intérêt de l'enfant la durée du pouvoir paternel. Voilà ce que contiennent
nos sources.

b). — Ici comme ailleurs, les théories les dépas-
sent. — On fait du *mundium* un pouvoir de protec-

13a. Leg. Wallic. Liv. II. XLIV, 2. *l. c.* p. 840 et Lex burg
tit. LIX. (cité par Klimrath I. 377. « Si nubere electa castitate
distulerit, filii in ejus.. potestate consistant ».

tion (14) ; on en fait aussi un droit de propriété, (15),ou encore l'exacte copie de la notion romaine (16) : Entre le *mundium* et la *potestas*, il y a des
points communs et une différence fondamentale,
la durée limitée. Cette conception des textes n'est
pas absurde : à quoi bon chercher une autre formule et la leur imposer ?

§ 11. — Mundium et potestas.

Ces deux notions mises en présence, on conçoit
que l'une absorbe l'autre.

Aux Ve et VIe siècles, la Gaule acquise, la conception romaine domine au midi (17). Au nord et au
centre au contraire se maintient le système germanique ; Rome est trop loin, les barbares trop
près, les invasions fréquentes ; on n'a pas le loisir
de se faire aux lois romaines, compliquées et sa-
vantes.

14. Laurent. princip. IV. p. 344. « le père n'est plus leur
maître ; il n'est que leur protecteur » et Laferriere. VI. 354,
n. 20.

15. P. du Maroussem. *l. c.* p. 135.

16. G. Bourcart. *De l'autorité paternelle* p. 3. » On se trom-
perait en cherchant des différences primordiales et fondamen-
tales entre le chef de famille germanique et romain ».

17. Textes dans Laferrière I. 472. n. 1. — Cf. Prosper d'A-
quitaine et L. rom. burg.

Il en devait aller de même après les invasions :
les Wisigoths et les Bourguignons gardèrent la notion romaine ; au nord et au centre la puissance
paternelle ne devint pas perpétuelle, le mariage, la
separata œconomia continuèrent à émanciper.

Cette dualité est remarquable. A-t-on le droit de
dire que son origine est dans le droit arien où les
deux élémens de rigueur et de liberté se balançaient
aux main du *pâti,* que ce droit s'est développé à
Rome en une luxuriante et excessive logique tandis
qu'il se simplifiait en germanie ?

Notre droit moderne ferait donc effort pour rejoin-
dre à travers les âges, en conciliant ce droit savant
et ce droit naïf deux élémens que les brahmanes
nos ancêtres avaient conciliés du premier coup. —
Cette hypothèse historique est séduisante, non pas
invraisemblable. A tout le moins, le dualisme qu'elle
explique existe bien et il domine tout le détail de
notre ancien droit.

CHAPITRE II. — L'ancien droit.

L'histoire de la puissance paternelle dans notre ancien droit est en effet celle de cette conciliation en même temps que des limites successives, règles fixes que le droit de l'Etat substitue aux antiques traditions qui protégeaient probablement l'enfant; — évolution très lente, où tout se tient, se prépare, où l'analyse cependant peut distinguer deux moments. Comme à Rome, le droit de l'Etat I) va restreindre d'abord la souveraineté du père en réglementant spécialement chacun des droits qui la composent; II) il lui imposera en outre des limites générales.

Suivons ces divisions.

§ 1. — Limitations spéciales.

a) Droit de vente, *b*), droit de garde et d'éducation, *c*) droit de correction; ces pouvoirs absolus constitueraient une autorité très forte. Furent-ils jamais tels ? — Cela est douteux. Le demeurèrent-ils ? — La négative est certaine.

a). — Au nord et au midi on relève les traces du droit de vente et de mise en gage (18). L'Etat intervient de bonne heure (19) pour le prohiber, mais il ne paraît pas que ce fût avec un très grand succès (20) ; il est douteux que les efforts de la législation carolingienne eussent fait loi sur ce point dans tout l'occident. A partir du XV⁰ siècle, cependant on peut affirmer que le droit de vente a disparu définitivement.

18. En Lombardie text. *sup.* n. 6. — Chez les Ostrogoths. ibid — Au VII⁰ siècle, dans la form. andegav. 48 (Rozières I. n⁰ 53. 54. p. 76; 77.). Cf. une epistola collectionis dans les formules de Sirmond (XI. Canc. III. 439 a; copie, dit Bignonius, de la glose Aniani in C. th. 1. his qui sang.) — En 1100, donation par Etienne Mercœur d'un enfant à un couvent (cité par Laferrière, III p. 53). — au XIV⁰. Boutillier permet la vente au cas d'extrême nécessité (somm. I. 67). — au XIV⁰, dans les coutumes bordelaises, la mise en gage est licite. (Rabanis. inst. jurid. de Bordeaux). Rev. Hist. VII. 506. — En 1440 (recueil de l'Acad. de législ. de Toulouse t. VI. p. 169, noté et Violl. p. 421), un père vend des enfants de six ans ; — En 1489, la Cout. de Bazas. a. 171 lui permet la mise en gage pour sortir de prison.

19. Lex. Wisig. V. IV. 12. Canc. IV. 119 b. édicte une prohibition absolue.

20. Un capitulaire (du VI livre de benedict. lev. (?) VI. 4. dans Baluze I. 925, garantit seulement la liberté de l'enfant vendu. L'édit de Pistes (864) [Pertz. leges. I. p. 498 1. 5. sq.] tolère la vente au cas de nécessité ; le père vendeur n'est pas déchu ; on lui inflige seulement une sorte d'amende (emtor si V. solidis emit VI recipiat.) au profit de l'acheteur.

b). — Les droits de garde et d'éducation appartiennent au père, à peu près sans réserve, jusqu'au
XVI⁰ siècle (20), peu important d'ailleurs que le mariage fût dissous par le prédécès de la mère (21) ; il
les fait valoir par tous les moyens légaux : le pouvoir souverain des parlemens le protègera (22),

Avec la réforme, une question nouvelle se pose,
celle de l'éducation religieuse (23). Le père hérétique
a-t-il le droit de perdre l'âme de son fils?—On résout
d'abord cette question en faveur de la liberté de

20ᵃ Il peut même en disposer par testament. — Arrêt de
Bretagne 12. oct. 1570. Du fail. I. 309; Toulouse 25 janv. 1627.
Albert. v⁰ Education a. 2. « l'oncle chargé de l'éducation par
le père garda l'enfant, bien qu'il le battit » Cf. les coutumes
admettant en première ligne la tutelle testamentaire (Bourbonnais 177. Auvergne XI. 1. Nivernais XXX. 1).

21. Le père est baillistre. Beaumanoir, XXI. 9 : l'enfant du
premier lit demeure avec le père et la marâtre : « cette garde
est octroiée au père par la coutume. » Même règle au XIV⁰
dans la coutume inédite de Paris (citée par Viollet p 453.

22. Au XVI⁰ s. Ayrault obtient, pour recouvrer son fils enlevé
par les jésuites, un arrêt du parlement de Paris faisant défenses
aux dits jésuites de recevoir le jeune Ayrault en leur ordre. —
Il est vrai que le général des jésuites se mocqua d'eux, aussi
du roy, mais cela est question de fait. — Cf. Ayrault, opusc. et
div traités. Paris. 1598. p 233. s q.

23. En 1650, à Nuremberg, un « friedens executions con-
gress » (Dernburg. *Pandekt.* éd. 1889. t. III § 36) la résout contre la puissance paternelle ; à 14 ans. (untercheidungsiahre)
l'enfant fait son choix librement.

l'enfant (23ª), la puissance paternelle demeurant intacte, jusqu'à ce que l'enfant âgé de 14 ans prît lui-
même un parti, et le droit de garde et d'éducation
cesse alors à vrai dire par cette majorité. Mais en
l'abaissant ensuite à sept ans (24), le législateur
montre qu'il a d'autres visées et les lois d'exceptions
qui se succèdent (25) ne comptent plus dans l'histoire du droit.

On se souviendra seulement que les protestants
perdaient au XVIIᵉ siècle le droit de garde et d'é-
ducation au profit de l'Etat qui en disposait souverainement.

23ª. Arrêt du Conseil, 24. avr. 1665. Décl. 1. fév. 1669. a.
29. Isambert 18. 204. — A. 20 règlᵗ 2 av. 1666. j. 18. 77. —
arrêt 30 janv. 1665. Décl. 24 oct. 1665. j. 18. 65. L'enfant majeur de 14 ans a le droit desortir de la maison paternelle en
exigeant une pension, ou d'y demeurer pour y être nourri et
entretenu dans la religion de son choix.

24. Décl. 17 juin 1681. j. 19. 269. On maintient en même
temps les enfants en France, renouvelé en 1699. j. 20. 332.

25. 1682 : (J. 19. 378) les bâtards seront catholiques ; —
1685 ; (O. 25. 4 K. 31.) 12 juillet la mère survivante élèvera
les enfans dans la religion C. A. R — 1686 : j. 19. 543, enlè-
vement des enfants : ainsi le fut Mme de Caylus, alors Mlle de
Murcay, par Mme de Maintenon. — 1698 j. 20. 314. Réglementation de l'éducation tout entière ; institution d'écoles catholiques dans les paroisses (a. 9), obligation pour les pères et mères d'y envoyer les enfans. — 1724. j. 21 261 réunion de ces
textes en une déclaration unique.

8

Ces édits ont eu d'ailleurs une influence indirecte remarquable en donnant au gouvernement l'habitude d'intervenir arbitrairement dans les familles même catholiques (26). Ces restrictions n'ont que la valeur de faits matériels.

c). — Un développement plus complexe est relatif au droit pour le père de disposer de l'avenir de l'enfant α) par mariage ou *6*) par une vocation religieuse.

α. — En matière de mariage une double évolution se produit, contre le père, puis en sa faveur.

Au sein des coutumes celtiques, une théorie favorable à la liberté de l'enfant s'élaborait. Dès le Ve siècle, un synode Irlandais (27), au VIIIe les formules de Sirmond (27ª) proclament la validité d'un mariage sans autorisation paternelle. Au IXe, il est certain que, même pour le mariage de la fille, le consentement paternel tout seul ne suffit plus (28) ; Pierre Lombard reproduit au XIIe siècle (29) la théorie

26. Louis XIV fait ordonner au principal d'un collège de ne pas rendre un fils catholique à son père catholique. — Lett. de Pontchartrain citée par Bernard. *l. c.* p. — Au XVIIIe siècle la police enlève les enfants dans les rues pour peupler le Mississipi (Journal de Barbier, t. IV. p. 401.)

27. Cité par Viollet, p. 342.

27ª. Rozières, I. p. 290. n. 241-244.

28. Viollet. 343. Cf. benedict. *Levita.* dans Baluze. I. 1046. capitul. VII. C V.

29. Viollet. 344.

des formules tourangelles, enfin l'Eglise et la jurisprudence canonique (30) s'en emparent.

Cependant, à partir du XVIᵉ siècle un développement juridique parallèle et inverse marquait comme
une réaction singulière des juristes et du législateur.
La volonté paternelle n'est plus désormais une
condition suffisante du mariage ; on le concède mais
on veut au moins qu'elle demeure nécessaire. On
obtient ce résultat par des moyens indirects. Henri
II (31) permet d'exhéréder l'enfant qui se marie sans
consentement ; en 1579 (32) tout mariage d'un
mineur de 25 ans est considéré comme rapt de
séduction et tous les fauteurs seront punis de
mort (33). Ces moyens sont énergiques. La juris-

---

30. Au XIIIᵉ — Innocent III. (déc.de Greg. IX. IV. 5.6.). et
le concile de Trente sess. XXIV. c. 1. de sorte qu'en 1580 Jac-
ques Buchereau et Guy de la Roche peuvent écrire couram-
ment dans un manuel d'Institutes : « le droit canon ne requiert
pas consentement des parens. » Et en 1690. N. Bœrius, decis
197. 6. 7. p. 351. — Il va sans dire que les enfants des protestants bénéficient de cette théorie. a. 16. décl. 1724. j.
21. 268.

31. fev. 1556. j. 13. 469. en dehors des 14 causes de la novelle. — Passé 25 ou 30 ans, c'est assez que le consentement
soit requis (j. 13. 471.) ; Louis XIII (j, 16. 522), exige qu'il soit
requis par écrit.

32. O. 1579. a. 42. j. 14. 392. Cf. Rozieres I. 241. 244.

33. O. 1730. J. 21. 340, défend d'épargner au conjoint la
peine capitale en annulant le mariage.

prudence y ajoutait au midi l'autorité du droit romain (34).

Ainsi le consentement paternel s'il n'était plus suffisant demeurait nécessaire; la théorie libérale de l'Eglise était vaincue.

6). — Elle eut le dessus en une matière voisine, celle des vœux religieux.

Le consentement paternel dut être ici nécessaire pendant très longtemps (35), peut-être fut-il parfois suffisant (36), mais dès le XVIᵉ siècle, on fixait seulement un âge minimum, comme une majorité (37) qui

34. Arrêt. 6 août 1661. J. aud t. II. liv. 1. ch. 37. annule un mariage contracté sans l'autorisation de Sénac père par son fils âgé de 28 ans. — Cf. ibid. II. 3. 20. —

35. Le concile de Gangrense (Ayrault p. 323.) confirmé par le VIᵉ concile général de Constantinople, commine l'anathème contre l'enfant qui méprise la volonté paternelle ; la loi sali- que (tit de iis. qui pueros..., totonderunt) est confirmée par Charlemagne en ce sens (capit Ansegise I. xcv.) — En 1598. Ayrault obtient un arrêt (l. c. 341) prohibant l'ordination.

36. En ce sens, testam de Louis VIII : « prœcepimus quod quintus filius noster sit clericus.. » et Baluze. I. 1088, II, 1298 rapportant une homélie incerti auctoris : « sunt multi.. qui ab ipsis infantiæ suæ cunabulis mancipantur Dei servitio.. »

37. Dès le Vᵉ siècle, saint Jérôme (Let. à Heliod. Ayrault. 327,) proclame l'indépendance de l'enfant; Saint Bernard, l. c. 335.) appelle à ce sujet les religieux de Cluny loups dévorants. — Les ordonnances fixent une majorité. Orl. 1560 à 19. ; 20 et 25 ans. — O. Blois 1579. à 28 ; 16 ans. En le ressort de Bour- gogne, le père obtiendra seulement sur requête que l'enfant sé.

faisait disparaître désormais le droit du père, de sorte que l'on pouvait bientôt poser en principe (38), « que si un fils entre en religion, il est délivré (38ª) de la puissance ».

d). — Ainsi sont restreints les droits spéciaux du chef de famille. Comment seront sanctionnés ceux qui lui restent, comment châtier l'enfant?

Le *jus vitæ necisque* dut tomber de bonne heure en désuétude (39).

En pays de droit écrit cependant, les coutumes bordelaises semblent mentionner, encore au XIVᵉ siècle, une souveraineté presque absolue : « s'il tue l'enfant, le père sera absous en jurant qu'il a agi sans préméditation (40) », et un arrêt lui reconnaît

journât 3 ou 6 mois chez lui ou un proche, pour éprouver sa vocation. — Les édits de 1768 et Lett. 1779 (J. 22. 479) (J. 26. 12) fixent 18 et 21 ans. — Les textes canoniques indiquaient comme limite la puberté. (Saint Basile. in. const. monast. Cap. 21. — et rep. 32. in lib. regul.—Saint Jerôme, in vita B. Maldi monachi. — § sancimus Nov. de monach. — Gloss. in can. 20. q. 2.)

38. Laurent Bouchel, sous Senlis **221**.

38ª. Même solution pour le filsengagé à 16 ans dans l'armée royale, — (Beaune 539.)

39. Bœrius. déc 317. 13. — Le droit d'exposition existe au XIIᵉ siècle (form. andeg. 48.) on le réprime au XVIᵉ par des peines arbitraires. (arrêt Paris 24 oct. 1576. dans Merlin vº Exposition)

40. Rabanis, *l. c.* 506. et : « le père fait droit aux tiers sur

encore au XVIIe siècle une véritable magistrature domestique (41).

Mais dans le nord, le père meurtrier de son fils est certainement parricide (42) ; ses droits exclusifs, lorsqu'on lui en reconnaît ne sont relatifs qu'à des délits domestiques (43), sinon, et comme dans le dernier état du droit romain, l'intervention de l'Etat s'impose (43ª).

Dès le milieu du XVIIe siècle (44) d'ailleurs, il est certain que sur la réquisition paternelle les prisons d'Etat se refermeront sur le fils pour autant de

les siens. » — Un siècle après, on relève encore des traces d'une juridiction domestique dans Jean Masuer (XV p. 217). Le père peut remettre l'injure faite au fils non émancipé, même contre la volonté d'icelui.

41. Grenoble 1663. (Basset II. 4. 12. 6) ; un père condamne son fils à 22 ans de galères. *Appel à minima* par le procureur général ; arrêt de la Cour *jugeant au 2ᵉ degré*.

42. Au XIVᵉ. j. Boutillier. somme II. 40.

43. Arrêt Paris 1643. — La cour annule une procédure, parce que le père soutient que l'accusation n'était recevable que de sa bouche. Exactement comme à Rome le vieil Horace. (sup. n. 176 p. 86). Il s'agit là d'un crime *cendrier* (Ayrault. 246.).

43ª. On ne parle pas du droit de levis castigatio ; il est incontesté. Cf. Dubois de Lesdiguières (cité. Bernard. 257) et (S. Simon, I. p. 13.).

44. Du 15 oct. 1644, arrêt de la grand-chambre. [Suite de Boniface. V, liv. III, ch. I, p. 420], l'arrêt fondé sur le jus patr. potest.

temps que le chef de famille le jugera convenable.

Mais un arrêt de règlement organise cet emprisonnement le 9 mars 1673 (45). Désormais : 1) les enfans mineurs de 25 ans pourront seuls être détenus,
2) le père remarié et la mère tutrice ne pourront les
faire détenir que sur ordonnance du lieutenant civil
qui examinera l'affaire au fond et s'entourera s'il y
a lieu pour statuer d'un conseil de parents (46) ; une
ordonnance précise ces garanties en 1684 ; elle
étend à la mère et même, à défaut de parents, au
curé de la paroisse le droit de requérir la mise en
correction.

Or le droit de l'arrêt et celui de l'ordonnance s'ap-
pliquèrent semble-t-il, dans toute la France et le contrôle de la puissance publique devient ainsi le droit
commun. A tout le moins faut-il, pour que l'arbitraire du père s'en put affranchir, qu'il se fortifie de celui du gouvernement par l'obtention d'une
lettre de cachet ou d'un ordre d'exportation à la Dé-
sirade (47)

45. « Il y avait des abus... » dit le préambule. Cependant,
le 31 mars 1673, après substitution (du 14) de la prison de
l'officialité, il n'y a que cinq détenus et cependant le geôlier les
retient tous parce qu'il n'est pas payé.

46. (Is 19. 441). Les directeurs de l'hopital général s'infor-
meront dans tous les cas de la vérité des plaintes. (*l. c.* 443.).

47. O. 1763. Js. 22. 394. — Spéciale aux jeunes gens de fa-

§ II. — Limitations générales.

Il reste ainsi bien peu de chose de la souveraineté paternelle; entre les deux notions germanique et romaine, l'unité s'est faite, parce que toutes deux se sont en quelque façon vidées de leur contenu; elle se pouvait faire aisément parce que ce contenu était très analogue dans toutes les deux.

Mais quelle que soit au fond la puissance paternelle, reste à savoir maintenant *a*) quelle en sera la durée, *b*) et par quels pouvoirs de contrôle sera balancée, dans la limite même des droits qui lui sont conservés, l'autorité du père.

a). — Perpétuité à Rome et dans le sud, durée limitée en Germanie et dans le nord laquelle de ces notions triomphera et comment?

La *patria potestas* est une construction civile, artistique; le *mundium* une conception primitive, calquée sur les faits, souple comme la pratique. Il suit que la première prend fin par un acte de volonté du *paterfamilias*, une émancipation, un acte juridique

mille. Les parens, ici encore, exposent leurs motifs et, *s'ils sont trouvés légitimes*, il leur sera permis, etc.. — Cf. sur l'application : l'abbé Meusy. *Code de la relig. et des mœurs*, p. 467. 471.

spécial; que la deuxième cesse aussi par un acte déterminé dans lequel on cherche la précision que les faits n'ont pas : le mariage, la *separata œconomia*.

Or déjà, dans le droit du bas empire l'émancipation tacite se faisait jour; elle ressemble à la fin germanique du *mundium* : dans les deux cas, un état de fait tranche la question de droit, seulement l'un est le signe d'un consentement, l'autre vaut probablement par lui-même. Il y a là un trait d'union qui peut-être pourrait relier les deux puissances.

Un double mouvement se dessine en ce sens, sous lequel transparaissent d'ailleurs et pendant très longtemps les deux conceptions divergentes.

α). — On applique largement l'émancipation. Dans toute la France, la volonté paternelle émancipe (48); presque partout aussi l'indépendance prolongée de l'enfant, impliquant une émancipation tacite, a la même valeur (49).

Mais, ici déjà, entre le nord et le midi une différence se marque.

48. Le droit des Wisigoths garde les formes romaines (Viollet. 435.). La déclaration devant le magistrat; introduite par Justinien, se retrouve à Marseille comme à Provins, (ibid.) On émancipe au Châtelet; les lettres d'émancipation remplacent l'ém. Anastasienne.

49. Leon. novell. 25. – La Cout de Bordeaux. a. 2 l'admet.

La pratique du Midi (50) ne dépasse pas le droit des novelles ; la séparation de fait n'est qu'un signe ; on requiert la chose signifiée, le consentement, la volonté paternelle. Ainsi, la séparation devra durer un certain temps (51), n'être point nécessitée par quelque raison spéciale (52) qui contraignît en quelque façon le libre arbitre paternel.

Au nord, au contraire, l'émancipation par domicile distinct est admise sans réserve (53) ; on va plus loin, la séparation peut même ne point se révéler

50. Henrys, qui est sur la limite. (Forez, pays de droit écrit ressortit à Paris). Argou. I, 26. exige le consentement paternel. Obs de Bretonnier. nouv. obs. IV, q. 127. [Id. 1771. t. II, p. 725.] — ; même lorsque l'émancipation tacite résulte d'une dignité dont l'enfant est revêtu. (Henrys, *l. c.* p 725.). Cependant Bouteillier (somme rural, éd. 1621, p. 978, sq.) paraît admettre que l'émancipation résultât de plein droit des qualités de clerc ou de prêtre, de chevalier, ou de la collation d'un office ou autre dignité de bourgeoisie.

51. Henrys, *l. c.* 721. La pratique adopte le délai de 10 ans indiqué par les glossateurs. Cela est plus strict que le système de la novelle où le juge apprécie les faits.

52. Obs. de Bretonnier, p. 716. n. 11.

53. Laurière, gloss. II, 171. v° celle : « il y a cette différence entre l'enfant qui est en celle et celui qui n'y est pas que l'enfant en celle est en la puissance de ses père et mère » — et Chopin. De morib. Paris, 1, II, t. 3, n. 19. p. 264. — Argou I, p. 27 : en Bourgogne, la puissance paternelle finit dès le moment que les enfants sont hors de la maison de leur père et qu'ils tiennent un ménage à part.

matériellement (54). Ce dissentiment s'affirme par exemple, sur l'émancipation par mariage. Le mariage par lui seul, et abstraction faite de l'habitation séparée, va-t-il entraîner la dissolution de la puissance ? L'affirmative est germanique, la négative romaine. Or les pays de droit écrit exigent en effet que le mariage soit le signe d'un consentement paternel ; autrement et à lui seul il est insuffisant (55) ; mais déjà, dans tous ceux qui ressortissent au parlement de Paris, (56) on apprécie très largement les circonstances de fait et dans tout le nord, aussi loin que nos sources remontent, (56ᵃ) l'émancipation par le mariage seul est admise.

54. Châlons. — Dans Henrys. nouv. obs. *l. c.* t. II, p. 725. (L. IV, q. 127.).

55. C'est l'op. de Bretonnier (*l. c*) d'Argou. I, 25. : « la règle est certaine dans le Droit. »

56. C'est à eux que se doit référer Dumoulin quand il écrit : « le mariage émancipe... même en pays de droit escrit « ce qui lui attire de la part de Bretonnier cette réplique : » cet auteur n'avait pour règle que son entêtement, etc... » — Argou, I, 26 et Henrys, t. II, p. 715. sq. L. IV, rapporte en ce sens un arrêt de Lyon de 1540.

56ᵃ. Au XIVᵉ. (arg Boutillier, Ed. 1621, p. 978.) Cette émancipation remonterait au droit germanique. *Contrà* Bretonnier (nouv. obs. *l. c.* 723, sq.) estime que la maxime est récente, arg. d'Argentré sur 472. Bretagne. — 1) mais la cout. de Bretagne exige par exception « que le mariage soit fait du consentement du père » ; 2) d'ailleurs ce texte ne vise que la

3). — A un second point de vue, en la forme au moins, la divergence s'accentue, car une dernière émancipation taisible se fait jour dans le Nord : la majorité devient par elle-même émancipatrice. Il est vraisemblable qu'un certain âge fut requis d'abord pour les émancipations taisibles par *separata œconomia,* mais on admettait que la séparation put ne se pas manifester matériellement ; l'âge à lui seul dut donc devenir suffisant. Cela est probable ; il y a des Coutumes qui exigent encore qu'à la majorité s'ajoutât soit le mariage (57), soit la séparation de fait (58). Quelques-unes seulement, celles de Paris (59) ; de

puissance sur les biens ; 3) d'Argentré lui-même reconnaît que « mulier in potestate viri est ». Or le principe romain des ff. 20-21, ad. leg. Jul. est admis (Merlin, vᵒ. *puiss. pat.* sec. II,). Cf. *Glossaire* vᵒ *Emancip.* : coutume est en Champaigne.. que trois chosent partent hommes de poote, c'est à savoir aages mariages feu et lieu.

57. Poitou a 310-318.

58. Berry. Bretagne (Cf. d'Argentré sous 498.) Angoumois, Troyes, Lille, Douai et Pérard: Recueil de pièces acte de 1407, p. 386.

59. Argou I. 26. « Dans cette coutume, les pères n'ont de puissance sur les enfants que jusqu'à ce qu'ils soient majeurs ou émancipés d'âge ». — L'âge varie de 12 à 25 ans. La fille sort en Bourbonnais de la puissance à 12 ans. Bretonnier (*l. c.* 723) s'en étonne. tout en reconnaissant que cela se pratique ainsi. Pour les pays de droit écrit, il dit : « c'est une chose absurde de prétendre que l'âge soit suffisant pour émanciper. » Secus tam. Gautier. hist. du dr. fr. 3ᵉ éd. p. 419.

Chartres et d'Orléans entre autres admettent le principe sans réserve.

C'est assez pour qu'on puisse remarquer qu'un fait nouveau surgit ici, qui va transformer tout le droit de la famille, et que l'admission dans le nord de cette majorité émancipatrice, qui n'était que virtuelle en les coutumes germaniques, est la grande création de l'ancien droit. Est-ce à dire que la généralisation de ce principe eût été dans le sud un bouleversement ? Il est vrai que la tradition romaine y demeure cantonnée, mais n'oublions pas que la timide émancipation tacite de la novelle est devenue la légion des émancipations taisibles « émiettant », dit M. Viollet, la puissance paternelle ; la pratique a dépassé le droit par les mises hors de pair de toutes sortes et peut-être qu'il n'y aurait, pour étendre la majorité coutumière, qu'à changer la forme plus que le fond des choses. C'était l'avis de Lamoignon (60).

b). — Notre ancien droit plaçait en outre, en face du chef de famille, deux pouvoirs du contrôle : (α) en reconnaissant des droit à la mère, et (β) en armant les tribunaux 1) d'un pouvoir de réglementation

---

60. Arrestez. 1702. I, partie p. 7. II p.5— Ed. 1777. p. 3 tit. II a 1. « Ès pays de droit écrit et coutumes où la puissance paternelle a lieu, les enfants de famille seront émancipés de plein droit du jour qu'ils ont atteint 25 ans. »

très-large pouvant aller jusqu'à 2) la suppression même de la puissance paternelle.

α). — On suivait la tradiction germanique en reconnaissant des droits à la mère (61), on suivait même la tradition chrétienne (62); aussi la mère eut, dit Merlin, (63) « une certaine autorité civile raisonnable ».

On dit que ce fut peut-être affaire de mœurs ; cela est possible ; à tout le moins ces mœurs sont constantes et certaines mêmes au Sud (64). Dans le Nord, plusieurs coutumes (65) conçoivent en droit l'autorité paternelle comme appartenant solidairement aux deux parents, si bien que la mort de l'un

61. Sup. n. 13ᵃ.

62. Prov. I. 8. et le décalogue. Catellan dit en ce sens. (arrêts cité Merlin, vᵒ p. p.) « Deus est in utroque parentum » et le camus d'Honlouve sur Cout. de Boullonois I. p. 42.

63. Vᵒ puiss. pat.

64. Le père lègue en mourant à sa veuve ses biens et sa puissance sur les enfants. C. de Ribbe. *Les familles et la société en France* t. II p. 137, cite un testament de 1541. « Vol que quan nos enfants saran grans.. sigue dama et maitressa... Laysso... donna et maitressa de la persona denos enfans... tant qu'ela vioura. »

65. Chartres 103. ; Châteauneuf, 133 ; Dreux, 93 ; Montargis, VII, 3; Vitry, 63 : « par la nature et raison, si l'un des père et mère a voulrie l'autre l'a » Cf. anc. Cout. de Champagne : « Coutume est en Champagne que là où les mains mortes sont trois choses partent hommes de poote etc... » Durand cout. de Vitry sur l'art 100 nᵒ 16.

d'eux la fait disparaître sans distinction (65)[a] ; quelques-unes vont encore plus loin en conservant à la veuve une puissance dont ses maris successifs acquièrent l'exercice (66). Il est remarquable enfin que les textes réglementant le droit de correction, mettent sur la même ligne le père et la mère (67).

La puissance maritale devait probablement atténuer en pratique (68) la portée de ces principes ; il n'empêche qu'on peut affirmer que l'autorité de la mère prend désormais une valeur juridique.

6. — Les parlements d'ailleurs y tiendront la main : Leur intervention est énergique.

1) De très bonne heure, probablement, et certainement dès le XIIIe siècle (69), les parlements régle-

65[a]. Laurière gloss. V° Celle : « la mort de la mère rend aussi les enfants sui juris et défaut la puissance que le père avait sur eux ».

66. Charte de Valenc. ch. 6. et 8. Cout. Liège ch. I. 7. « les enfants légitimes sont en la puissance de leur père, et advenant la mort d'icelui, tombent en la puissance de leur mère, et si elle se remarie, deviennent en celle de leur parâtre.. voire que la puissance du parâtre cesse à la mort de la femme ». Cf. Merlin. *l. c.*

67. (sup. n. 45. 46.) Or leur autorité fut probablemen générale.

68. (Pothier traité des pers. 134) : dès qu'elle disparaît en droit ou en fait, par l'absence, par la démence du mari, la puissance de la mère apparaît.

69. Arg. Beaumanoir XXI. 11-17.

mentent entre les mains du père les droits de garde
et d'éducation. En des cas spéciaux cette intervention
est caractéristique ;

Un mariage, par exemple, est dissous ; le père
baillistre des biens et de la personne de l'enfant,
qui d'ailleurs a des biens personnels : « ne doit mie
garder l'agnel qui doit en avoir le pel » dit un vieux
proverbe (70) : Dès 1279, l'Etat intervient donc ; Beaumanoir (71) nous dit qu'il le fait très-largement : Dès
qu'un abus se produit, que l'enfant court un danger, les parents, un tiers même dénonceront le fait
au juge qui enlèvera la garde au père indigne. C'est
comme une action populaire « et le juge, de son
« ofice doit *apenre* du cas qui lui est dénoncé, et s'il
« trouve le cas par l'aprise, il les doit oster ».

Beaumanoir cite cinq cas analogues à titre d'exemple (72) ; il pose dans toute sa largeur juridique le
principe de l'intervention du juge.

70. Viollet, établ. I. 16.

71. 72. — L'enfant a une fortune importante, le père en
veut disposer par un mariage imposé sans le conseil des
amis ou parens ; il donnera bonne sûreté qu'il ne mariera nul
enfant sans ce conseil, sinon la garde lui sera enlevée. Il est
vrai que cela est rare, cette cause n'a pas été requise en molt
de Lix, mais le principe est certain. Est-ce un vestige du
tribunal de famille ? cela est possible. L'évolution serait symétrique de celle qu'on signalait à Rome (sup. p. 92 n. 195.
2) Le père entretient l'enfant avec trop de parcimonie. —

Une jurisprudence constante et très riche l'appli-
qua. Elle est telle que l'on peut affirmer au XVIIIe
siècle (73), « que la question d'éducation des enfans
est arbitraire au juge ». Elle trouve d'ailleurs un
appui certain, en pays de droit écrit, dans les textes (74) qui constataient à Rome le pouvoir large du
magistrat ; au nord, (75) dans la souveraineté même

3) Il est incapable et de si fol maintenement qu'il n'a en lui ni
conseil ni arréance. 4). Il est indigne, mal renommé par son
vilain fet. 5). Il abuse du droit de correction : une marâtre
mène à l'enfant malvese vie.

73. François de Cormis, Recueil de consult sur div. mat.
mêlées. Paris, 1735. t. II, p. 1128. sq. « c. a. d. que, selon les
circonstances, le juge peut la donner soit au père soit à la
mère, selon la diversité de leurs mœurs et pour le mieux de
l'enfant. »

74. F. de Cormis. t. II. 1130 c. « le juge appréciera, comme
dit la loi 1 D. ubi pupill.) — Ex : au cas de prédécès de la
mère le père garde la puissance jure patrio (Toulouse 13 juin
1644 dans Merlin, v° Education.) Il n'empêche que les mauvais
traitemens et les excès la lui font perdre (Toulouse 1758. —
dans Védel, sur les arrêts de Catellan, t. II, p. 59. Liv. IV, ch. 27) ;
ainsi jugé que l'éducation sera confiée à l'aïeul. La cour ne
recule pas devant les détails : 1640. 9 janvier (Albert v° testament. a. 31). L'Education est attribuée à la mère survivante,
un délai de trois mois lui est imparti pour mener les enfans
aux bains par avis de médecins, à la charge de les ramener à
Carcassone. »

75. Soëfve, recueil de plusieurs questions notables. t. I.
n° 127, dit sur un arrêt de Paris : « Il faut donc croire que la
cour a fait ici l'office du préteur ; d'en user ainsi c'est une

des parlements, délégués du roy le plus absolu qui fût au monde.

Il en va de même du droit de garde (76). Cela est certain, même dans le ressort du parlement de Bordeaux. L'enfant qui fait valoir devant le juge un motif légitime, une *justa causa*, sera autorisé à se séquestrer et l'appréciation du juge rendra s'il y a lieu la puis-

raison et une sagesse. » — 1607, 18 juin. Paris (dans Chardon, puiss. pat. n° 12) un homme riche veut faire de ses enfans des bouchers ; jugé qu'il leur donnerait une éducation moin vile. — Très nombreux arrêts après dissolution de mariages : (Merlin v° Educ. I.) un arrêt de Caen 19 juin 1807 renvoie encore à cette jurisprudence constante : ex : 18 avril 1758. Paris (dans Denizart, v° Education) aff. Deschamps. Après jugement de séparation d'habitation entre les époux, la Deschamps met sa fille à Port Royal ; le père l'en tire : ordre de reintégration ; — 1665. 30 juillet. Paris (dans Soefve, t. II, c. III, ch. 59, p. 292) la cour prend un parti auquel nulle partie n'a conclu « dit que la mineure (que chacun réclamait) sera mise dans un monastère qui sera nommé par la Cour. » « Ainsi ordonné pour prévenir les desseins de quelques gentilshommes d'Auvergne. » Même souveraine liberté pour attribuer ou dénier l'éducation et la garde à la mère survivante : Toulouse, 1655 (Albert, v° Educ. ch. 1) préfère la mère à un oncle ; Paris 5 mars 1648 (Merlin v° Educ.) la refuse.

76. Nic. Boerii decis 195 de dote. (Genève 1690. p. 349ᵃ.) « si vero, absque patris voluntate, seorsum habitet (filius), si tamen aliquam ob causam justam *ut* propter sævitiam patris, aut quia habet novercam, more novercali sibi rixantem, nequit ille ob patriam potestatem compellere filium secum habitare. » — C'est le résumé de la jurisprudence de Bordeaux.

sance paternelle inutile. A peine, en quelques espèces, rencontre-t-on dans les parlemens de droit
écrit (77) de rares décisions où se maintiennent encore, pour faire triompher le droit paternel, les principes romains. En droit, toutes les cours se reconnaissent souveraines, en fait elles usent partout de leurs
pouvoirs avec la même liberté (78).

Mêmes solutions encore sur le droit de correction ;
tout parent (78ª) peut saisir le tribunal des faits, et
le droit de correction légère (79), comme celui d'em-

---

77. Toulouse, 25 janv. 1627. (Brillon, v° Education laissée
par test.) et 29 janv. 1629 *sup.* n. 20ª. — Provence 19 fév.
1644. (Boniface I. Liv. IV. t. 2 ch. 1) confie à l'aïeul l'éducation d'une fille à l'exclusion de la mère « parce que la fille
est sous la puissance de l'aïeul. »

78. Mêmes principes et des solutions encore plus larges sur
les enfans illégitimes. On rappellerait, si la question rentrait
dans le cadre de cette étude, que tantôt on accorde l'éducation au père (Toulouse 1642. Merlin v° Educ.),tantôt à la mère
(Paris 25 fév. 1783 ; 27 mai 1784 ; Toulouse 28 mai 1781 ;
Grenoble, 16 janv. 1783 ; Aix 30 avril 1667), tantôt à un tiers,
couvent ou collège : (Paris 1760 conf. 10 mars 1761 et un arrêt curieux du 15 mai 1763 dans Catellan.)

78ª. « Le plus souvent, il (l'enfant) ne connait pas ses pro-
tecteurs ni les lois »... dit en ce sens devant le parlement de
Provence l'av. général Calissane (aff. Caillot *inf.* n. 79.

79. (Bretagne 26 av. 1559. Merlin v° correction). ordonne
qu'une fille battue rentrera dans la maison « moyennant caution
d'y être bien traitée ». On commine la prison et 500 liv. d'a-
mende Cf. Toulouse janv. 1675 ; des enfants se séquestreront ès

prisonnement, aux termes des arrêts de 1773 (80), sont contrôlés sévèrement, le juge faisant s'il y a lieu défense au père de sévir et le privant, s'il enfreint l'ordre, de la garde et de l'éducation.

2). Il va plus loin encore; il le frappe quelquefois d'une déchéance totale.

1°) Cette déchéance se peut présenter, comme à Rome, avec un caractère de peine accessoire : Merlin cite le cas de déportation frappant le père (81); on y peut ajouter la mort civile (82). Celle-ci met fin à la puissance plus qu'elle ne constitue une véritable déchéance, cependant elle enferme subsidiairement ce caractère, dès que le père est par ailleurs indigne de conserver son autorité. Ainsi, la mort civile cesse, mais le père a de mauvaises mœurs : on le déclare indigne de recouvrer son autorité; il demeurera déchu (83).

mains d'un oncle — jurisp. const. et Provence 1669. (Merlin *l. c.* et Paris (Boniface t. IV l. 9. ch. 5).

80. Paris 25 mai 1680 (dans Brillon, v° Débauche), un fils enfermé à Conflans s'échappe, donne requête à la cour ; il a comme oncle le grand pénitencier de l'église cathédrale : Ordonné que le père expliquera les raisons pardevant le Lieutenant de Pontoise ; il n'y en a pas ; le fils obtient sa liberté.

81. (V° puiss. pat. sect. II) « car il est nécessaire d'être regnicole et de participer à tous les effets de la vie civile. »

82. « Car l'homme est retranché de la société » (Denizart v° mort civile).

83. Bretonnier sur Henrys éd. 1771. p. 721. II. I. IV q. 127.

2°) La déchéance peut être aussi prononcée directement. — Les traditions romaines sont en effet conservées ; elle frappe de plein droit, comme à Rome,
le père qui corrompt sa fille (84). L'émancipation
forcée, précédée d'une *cognitio extraordinem*, se maintient avec autant de persistance (85). Bretonnier
énumère les cas les plus fréquents où a lieu cette
abdication nécessaire de la souveraineté domestique.
Ils ont surtout de l'importance en pays de droit écrit
où la perpétuité romaine rend insuffisantes les déchéances partielles.

Le père sera contraint d'émanciper l'enfant :

1° lorsqu'il le maltraite (86).

2° au cas de prostitution de la fille (87).

3° au cas d'exposition de l'enfant (88).

— C'est la solution romaine des pœnæ capitales (*sup.* p. 103
n. 228).

84. N. Bœrius (1690 décis. 318.2) « pater filium cognoscens
qualiter puniatur... ultra patriam potestatem quam perdit.
— La déchéance doit être encore absolue ; Bœrius ne distingue pas.

85. Bourcart, France jud. t. VII. p. 501.

86. Provence. 1669. (Boniface. IV. IX. 5.) arg. f. 5. (37. 12)
Papin.

87. Arg. const. 12 (1. 4) et surtout la glose, car les décis. de
Bœrius indiquent que, au moins dans une certaine région, la
déchéance résultait de plein droit de la sentence, sans passer
par le détour d'un acte apparent.

88. On s'appuie sur les textes canoniques (C. un. extravag
inf.)

L'énumération n'est pas limitative; les cours demeurent libres comme l'était le magistrat romain.

La même souplesse qui, par l'émancipation taisible, acheminait dans le nord le droit vers la majorité moderne, fait de cette même émancipation le contrepoids le plus efficace et le plus général de l'autorité paternelle.

§ III. — Conclusion.

Qu'est-ce à dire, et y a-t-il ici une puissance paternelle ? Cela est douteux et de bonne heure on assiste à un étrange débat des jurisconsultes à la recherche de la puissance paternelle, les uns disant qu'ils l'ont trouvée, les autres la proclamant disparue. Les uns tiennent pour elle (89), les autres

89. Au XIVᵉ siècle, le gr. Coutumier L. II c. 40. éd. Laboulaye et Dareste 1868. p. 370. et J. Desmares. décis 343. parlent d'un enfant « étant en la puissance du père » — au XVIᵉ, Guy de la Roche (instit. de Justinien joinctes avec la jurisp.. 1580. ad. 1 j. 9) « combien que la glose et ceux qui l'imitent, ignorans toutefois nos affaires disent que les Gaulois n'ont pas la puissance sur leurs enfants, néanmoins il est ordonné tout au contraire par nos coutumes. — De Laurière (gloss. v. Emancip) et Bretonnier (sur Henrys t. II. 723) argumentent des lettres d'émancipation qui se trouvent dans les preuves de plusieurs maisons et des textes de C. Bretagne 498-501 ; Chartres 103 ;

contre (90) ; on argumente très vivement. Quelques-
uns (91) s'avisent alors que tout le monde a raison,
qu'il y a une puissance paternelle, seulement que
ce n'est pas la *potestas patria*.

Cela suggère une remarque : les deux conceptions
germanique et romaine différaient et se ressemblaient : elles se ressemblaient par leur contenu rigoureux, elles différaient par leur durée, signe peut-
être d'un respect plus grand des Germains pour la
liberté. Maintenant la rigueur commune a disparu en
droit par des limitations de toutes sortes ; la perpétuité spéciale a été fort ébranlée en fait par le flot des
émancipations taisibles et l'âge à lui seul émancipe

Orléans 160-166 ; Reims. 6. 8. — D'Argentré. id. sous 498.
Bret. : « Accurse la nie (la puissance) les autres le suivent : de
ignoto jure ignoti testificantur. »

90. Au XIII° siècle, Accurse (ad tit. pat. pot. dans gloss. v.
Emanc. I. 378.) : « francigenas a patria potestate prorsus ab-
solutos. » — En 1582. maitre Michel « translata en français
les Institutes de Justinien et ne traduisit pas le titre de patria
potestate, prétendant que ce droit n'a lieu en France. (Delaunay sur régl. 37 de Loysel. éd. 1688. p. 270.) — par arrest so-
lennel de Pâques 1599,(Laurent Bouchel,sous 221 cout. Senlis.
éd. 1631.) jugé que la puiss. pat. ne se garde en France. —
Mornac (sur f. 8. his qui vel sui) admet la valeur de l'arrêt
même en pays de droit écrit. — Loysel (inst. cout. I. 37) écrit
en France puiss. pat. n'a lieu, et cout. Senlis 221.

91. Delaunay. sur Loysel. reg. 37 p. 260. 263 : « le but unique est l'antihèse du dr. Romain » Bacquet. (dr. de justice. ch
XXI n° 58. — Lyon 1744. I. 206.)

dans le nord (92), de sorte qu'on peut conclure en
corrigeant Bourjon (93) : « le pouvoir des pères de
famille sur leurs enfants est un pouvoir de direction
tempéré par la piété paternelle » et par le pouvoir
souverain des parlements.

92. Bretonnier (rec. des princ. q. de dr. Paris 1773. p.
269). — Guibert (la famille Limousine) retrace le 12 juin 1792
l'émancipation d'un fils de 47 ans en pays de droit écrit.

93. Dr. commun de la Fr. I. V. Ch. I, sec. I a. 1. (t I. p. 34.)

TROISIÈME PARTIE

DROIT MODERNE

Que fera le droit moderne, c'est-à-dire que fera le législateur, puisqu'il faut immobiliser maintenant l'évolution juridique en un texte ?

Pendant que s'élaborait la conception positive de la puissance paternelle, les théoriciens du droit naturel s'attachaient à une construction symétrique. Hobbes, Leibniz, Spinoza ont accoutumé de voir dans le monde deux droits : l'un arbitraire, positif, l'autre fondé sur un principe ou sur des principes. Est-ce l'utile, ou la tendance au bonheur ou la force ? — il s'agit seulement de s'entendre sur ce point et l'on peut rêver immédiatement d'une justice très haute qui se réalisera se réalise ou s'est réalisée, élysée juridique à découvrir ou à retrouver. Cette idée a de la valeur ; elle est une force, elle dirige le législateur.

Les jurisconsultes définissent maintenant la puissance paternelle par des formules comme celle de Domat (1) ; on met en face du droit « la conception

1. Sup. (p. 3. n. 5.)

de la raison et de la justice » et l'on remarque que
dans ce code-là est inscrite la liberté des enfants,
la limitation des droits du père par ses devoirs. Le
devoir du père sera-t-il, d'ailleurs, d'élever l'enfant
pour la société envers laquelle cet enfant lui-même
a ou aura des devoirs ; ou bien, la société n'étant
qu'une abstraction, le devoir du père n'est-il pas
de laisser agir la nature en protégeant un individu
qui a des droits par lui-même ; cela est une autre
question, c'est chercher où nous devons mettre notre
idéal, si c'est devant nous, derrière nous ou en nous ;
or, sur ce point là il y a une controverse très-
ancienne. — Mais ces problèmes ne se posent pas
ici ; peu important le détail, on s'accorde sur un
principe que le droit naturel tout entier soutient, et
Rousseau résume les arguments de tous les partis
lorsqu'il écrit : « les enfants ne restent liés au père
qu'aussi longtemps qu'ils ont besoin de lui pour se
conserver ; sitôt que ce besoin cesse, le lien naturel
se dissout (2). » Le contrôle du pouvoir social est
d'ailleurs très « *naturel* » puisque « les lois doivent
avoir pour objet non seulement la paix mais la
vertu, » et l'on n'est pas très exigeant sur la rigueur
des démonstrations.

2. Contrat social. c. II. Cf. Emile. éd. 1823. p. 9. 10. et t. II.
p. 97. Cf. Burlamaqui, ed. 1791. p. 168.

Tel est le *droit naturel* ; or l'effort de la pratique orientait le droit positif dans la même direction : les textes n'avaient à vrai dire pour satisfaire les philosophes qu'à achever, presque sans innover en rien, une évolution de quinze siècles, à faire disparaître définitivement la puissance paternelle de droit écrit et à organiser le contrôle social.

Ce fut l'œuvre que le droit intermédiaire croyait accomplir du premier coup, que le code civil, complété par des lois récentes, n'a peut-être pas encore réalisée.

CHAPITRE I

Les assemblées révolutionnaires commencent *a*) par consacrer le triomphe de la majorité émancipatrice ; *b*) on essaie ensuite d'organiser législativement le contrôle social que la souveraineté des parlements remplaçait.

a). — Le 23 août 1792 (3), l'assemblée législative décrète que les majeurs ne seront pas soumis à la puissance paternelle ; désormais l'âge de 21 ans émancipe dans toute la France, la puissance de droit écrit est tombée, l'unité faite.

Le principe posé est d'ailleurs général ; la puissance ne survivra pas par exception en matière de mariage (4) ; le consentement paternel n'est nécessaire que pour celui des mineurs.

3. D. 28 août 1792. — Galisset. I. I. 804 a. — La loi du 20 sept. 1792 (t. IV. a. 3. *l. c.* 850 b). interprétée le 31 fév. 1793. (*l. c.* 904. a) fixe l'âge de 21 ans.

4. D. 20. 7°. 1792. t. IV. a 3. *l. c.* 850 b. — Cf. Bernard. *l. c.* 162. et *sup.* p. 130, n. 29 la solution est moins libérale que celle des formules tourangelles et du concile de Trente.

b). — L'organisation du contrôle social est moins aisée. L'assemblée législative la tente en 1790 (5) de manière à concilier, à ce que l'on croyait, les droits de la famille et ceux de la société. La famille se réunira en tribunal domestique (6) pour contrôler le droit de correction paternel ou pour statuer, au cas de dissolution du mariage, sur la garde et l'éducation de l'enfant. — Le pouvoir de correction est lui-même restreint en droit (7) puisqu'il ne frappe plus que le mineur et que la durée de l'emprisonnement ne peut excéder un an : En fait la situation du père est singulière : ou le droit de correction lui échappe, ou il faut qu'un litige entre lui et l'enfant se déroule devant le tribunal domestique et soit tranché en sa faveur. La situation de l'assemblée de famille ne l'est pas moins : sa sentence sera soumise au président du tribunal de district qui la fera exécuter ou la modifiera (8) si bon lui semble,

Le tribunal de famille intervient encore au cas de divorce (8ᵃ) ou de séparation de corps, pour attri-

---

5. L. 16-24 août 1790, t. X. a. 15, 17. *l. c* 138-139.

6. 8 parents les plus proches ou 6 au moins; des amis ou des voisins le peuvent compléter.

7. La loi de 1790 n'a pas empêché que des enfants placés en correction ne fussent compris à Bicêtre dans les massacres de septembre. (Mortimer, *Hist. de la Terreur*, XII. p. 294).

8. Guichard. trib. de famille. p. 126.

8ᵃ. L. 20 sept. 92. § 4. *l. c.* 848 a. a. 2. 3. 4.

buer la garde et l'éducation des enfants à l'un ou à l'autre des époux (9) ou même à un tiers si l'un des divorcés se remarie.

Le tribunal de famille fonctionna peu de temps ; ce fut assez pour montrer les vices de l'institution. Les parents indifférents, l'autorité paternelle diminuée inutilement la condamnaient. Historiquement, le contrôle supplémentaire du président était un anachronisme ; ou plutôt c'était le tribunal de famille lui-même qui apparaissait comme une restauration archaïque et peu pratique. Là où les relations de droit se sont élargies, le législateur se travaille inutilement à les vouloir rétrécir ; l'Etat s'est formé, il est puissant ; pourquoi faire rentrer le droit dans la famille, le chêne dans le gland ? L'entreprise est chimérique ; il faut aller maintenant du dehors au dedans.

On se tourne en effet de ce côté ; on élabore, pour fixer la limite des droits paternels, des théories d'ensemble. Quatre tentatives successives marquent la direction d'un mouvement d'idées qui aboutit au Code civil de 1804.

α). — Cambacérés présente en 1793 un premier

---

9. Si le divorce est par consentement mutuel, le législateur impose une division des enfans par sexe, les filles et enfants de moins de 7 ans confiés à la mère. Cf. *sup.* p. 65, n. 110).

projet (10) tout imprégné des principes du droit naturel (11) ; la situation de l'enfant y est très nette : il n'y a pas de puissance paternelle (12) : « surveil- « lance et protection, voilà le droit des parents, « nourrir, élever, établir les enfants, voilà leurs de- « voirs ».

Cette protection légale finit à la majorité (13) de 21 ans. On se réserve (14) d'organiser le contrôle de l'Etat sur les droits de surveillance et d'éducation ; mais les parents seront obligés immédiatement d'enseigner à l'enfant un art mécanique ou l'agriculture.

6. — Ces principes demeurent à peu près intacts dans le second projet de Cambacérés (16) : la puissance

10. 9, Août 1793. Fenet, I. 1. et 17.

11. « C'est... un édifice qui s'élèvera sur la terre ferme (?) des lois de la nature ». (Fenet, I. 2).

12. l. c. p. 5. et a. 1. tit. V. liv. I.

13. A. 5. tit. V. liv. I. Le mariage demeure dans le droit commun. (tit. II, a. 4).

14. « La Convention en decrètera le mode et les principes. » Cambacérès désire notamment (Fenet, p. 5) voir décréter que les enfants mangeassent de la moelle de lion comme Achille.

15. L'article fondé sur ce que l'histoire romaine est toute pleine de beaux traits sur les grands citoyens agriculteurs. — La sanction serait l'obligation alimentaire.

16. 23 fruct. an II. Fenet. I. 99. Une commission de philosophes qui devait être nommée par la Convention, pour condenser en un code de très grandes idées, ne se réunit jamais.

paternelle est une tutelle (17), un devoir de protection. On précise cette fois les cas où le père perdra
le droit de surveillance ; il en sera ainsi s'il est **noté**
pour son inconduite ou son incivisme, ou s'il ne **se**
conforme pas, pour l'éducation du mineur, aux lois
sur l'instruction publique (18). Or un Décret (19)
vient d'organiser l'enseignement primaire obligatoire ; il comminait l'amende, on ajoute la déchéance.

γ. — Le Directoire remplace la Convention ; on passe
de la révolution au Consulat ; une réaction s'annonce.
Le troisième projet de Cambacérès (20) en porte en
général (21) l'empreinte, cependant la théorie de
l'autorité paternelle varie peu ; on l'assimile toujours à la tutelle (22) ; on maintient (art 156) la déchéance contre le père qui enfreint les lois sur l'ins-

17. *L. c.* p. 102. a. 17. tit. III.

18. A. 18. 23. tit. III.

19. 29 frimaire an II. a. 6. Galiss. 1139 a. L'enseignement
est obligatoire pendant 3 années consécutives au moins (a. 8).
les enfants seront envoyés à l'école entre 6 et 8 ans. — On
commine contre les tuteurs une amende et, en cas de récidive
la perte des droits de citoyen. Il est remarquable que la révolution suit pour la liberté la tradition de l'édit de 1698 inau-
gurée contre elle. — *Sup.* II. II. n. 25.

20. Messidor an IV. Fenet, 1. 146.

21. Il rétablit la distinction entre les enfants naturels ou non.
Fenet, 148.

22. *L. c.* 150, même solution que *supr.* sur le mariage, a.
209.

truction publique, qui est noté pour inconduite ou incivisme (193), ou en général contre celui *qui manque aux devoirs d'affection que sa qualité lui impose* (23). Il y a là le principe d'une règlementation très large.

δ. — La tendance réactionnaire s'accuse au contraire très nettement dans le projet de l'an VIII (24) ; on annonce (25) l'intention formelle « de restituer à l'autorité paternelle *le légitime empire qu'elle n'aurait jamais du perdre.* On rétablit la majorité de 25 ans pour le mariage (25ª). Cependant, la puissance paternelle demeure une tutelle (26), tant les leçons de l'histoire ont laissé des traces profondes dans les esprits ; elle l'est si bien que les causes de destitution qui frappent un tuteur étranger, l'inconduite notoire, l'incapacité atteindront aussi le père et le droit de provoquer sa destitution est ouvert largement (27).

Il n'empêche que dans projets successifs, les ten-

23. On transporte alors la surveillance « à des hommes sages et vertueux ».

24. Projet Jacqueminot, 30 frim. an VIII, (21. déc. 1799.).

25. Idées préliminaires. Fenet, 331.

25ª. Tit. I, a. 9.

26. Sect. II, a. 1. : « il y a quatre sortes de tutelles... 1° la tutelle naturelle des pères et mères. ».

27. Le subrogé tuteur le doit, tout parent le peut ; le commissaire du gouvernement peut dénoncer les faits au juge de paix qui saisira le conseil de famille (a. 59.).

dances si nettement accusées d'abord s'atténuent,
se dégradent. Il semble du moins que des points
soient acquis : la majorité est émancipatrice, la puissance une tutelle dont l'indigne est exclu, comme il
l'était d'ailleurs dans l'ancien droit, dans le droit romain lui-même. On est amené ainsi jusqu'au seuil
du Code civil. On se demande s'il n'accentuera pas
la tendance qui s'affirme vers un retour en arrière,
s'il ne retournera pas, lui, vers le passé, du côté de
la *potestas patria*, au delà du droit écrit, si du moins,
entre l'autorité et la liberté, il n'essaiera pas une
transaction dont la pratique ne pourra se contenter.

CHAPITRE II. — Le Code civil.

Maintenant, la commission du gouvernement dépose un nouveau projet ; il se base lui aussi sur le droit naturel, voire sur l'histoire. Il s'agit de savoir si ce droit naturel n'a pas trahi l'histoire. On cherche : I) si les travaux préparatoires révèlent une pensée ferme qui pût guider, II) si les textes conservent à l'autorité du père son caractère tutéaire, et de ses devoirs ou de ses droits quels sont les mieux protégés.

§ I. — Travaux préparatoires.

On dit que les travaux préparatoires sont la pensée du législateur, celle-ci l'esprit de la loi ; si cette pensée est précise tant mieux ; si elle vacille, interrogeons le texte et lui seul.

Or les travaux préparatoires révèlent une tendance très nette. Réal, Vezin, la formulent ; on veut maintenir la conception de l'histoire et du droit naturel : l'autorité paternelle sera un devoir de protection. Cela est certain.

Mais des textes irrécusables établissent qu'au sein des mêmes délibérations se manifestait une tendance non moins nette et inverse. Le projet de la commission la met en lumière : il affirme que « l'autorité paternelle est *une sorte de magistrature à laquelle il importe de donner de la force* (1) ; le terme « puissance paternelle » réapparaît, et Malleville prend soin de rappeler que cela signifie la chose. — Qu'est-ce à dire et perd-on de vue les principes? « Si le père donne au fils une mauvaise éducation sera-t-il permis à l'aïeul de lui en donner une meilleure? » Le premier Consul pose la question. — La réponse fut décisive : *l'enfant n'appartient qu'au père* (2), *dit Tronchet.*

Mettons en regard les paroles de Réal ; l'antithèse,

---

1. Fenet, 1.486. — On appuie cette affirmation d'un jeu de mots douteux : « les pères doivent être des magistrats, puisque les magistrats doivent se montrer des pères » (?). C'est un exemple de démonstration juridique « fondée sur la nature et la raison. »

2. Locré, VII, 20. On affaiblit cet argument par la 2° partie de la réponse de Tronchet disant « qu'il serait préférable d'arrêter un plan général, sous lequel ces diverses questions trouveraient leur place.. », cette réponse n'est qu'un argument dilatoire, la première seule a de la valeur, car Albisson présente le tit. IX comme un tout achevé, « la circonscription juste et exacte... de l'étendue *et des limites* de la puissance paternelle. » (Fenet. X, 531.).

3. « La puissance paternelle est un droit, fondé sur la na-
« ture et confirmé par la loi, qui donne au père et à la mère,

la contradiction est manifeste. Ainsi le législateur
hésite entre des principes opposés, il transige (4); il
appartient aux textes de nous révéler sa pensée.

§ II. — Les textes.

Or, *a*) quels devoirs, *b*) quels droits a le père ?, *c*)
quelle autorité contrôle la sienne et comment?

a. — *Devoirs du père.*

Sur deux points, les résultats de l'évolution historique sont consacrés : l'âge (488) et le mariage (476)
émancipent. Qu'a-t-on fait de plus?

Le père a un devoir, celui d'entretenir et d'élever l'enfant (5) (203); un texte le formule, cela est

« pendant un temps limité et *sous certaines conditions*, la sur-
« veillance de la personne... » Cf. Vezin... « une autorité
toute de défense et de protection. »

4. Vezin parlant des tendances opposées de l'ancien droit :
(Fenet. X. 519) : « Il est impossible de ne pas entrer en une espèce de *composition* entre ces divers usages... *en fortifiant le
ressort de la puissance* dans les pays coutumiers. »

5. Il est remarquable que le texte n'est pas au titre IX ; il en
résulte qu'on en oublie quelquefois l'existence (sic. Pradines.
Bull. s. *l. c.* IX, 115). Le projet de Code civil allemand, a. 1502,
définissant la elterliche gewalt. parle d'abord des devoirs...
« 1) *die pflicht* und das recht für die person.. zù sorgen. » —
le C. civ. Néerlandais fond, dans son tit. XV, notre tit. IX et
les art. 203-211. Cf. (B. s. *l. c.* sess. extr. 89, p. 212.)

logique si la puissance paternelle est un pouvoir de protection comme le disait Réal, seulement le législateur ne le dit pas et il fait du devoir d'éducation « une obligation que les époux contractent entre eux ». Cela manque de précision, car si le devoir d'éducation est, comme on dit, de droit naturel, il résulte de la paternité non du mariage. Le devoir lui-même manque de sanction, car posons que le père ne nourrisse, n'entretienne, n'élève pas l'enfant; celui-ci vagabonde, mendie, se déprave; a-t-il une action? — Qui l'exercerait? — Le père est intéressé, la mère lui doit obéissance, le conseil de famille n'a pas reçu par un texte cette attribution (454); le ministère public agirait malaisément en 1804 aux termes de l'art. 46 de la loi de 1810. Il n'y a pas ici de devoir de droit; il n'y a qu'un devoir moral.

b. — *Droits du père.*

Le père a un triple droit : α) de garde, et β) de correction ; γ) son consentement est requis pour le mariage. Ces droits sont formulés et garantis.

α). — Le droit de garde sera réalisé par tous les moyens, même par la *manus militaris* qu'ignorait longtemps le droit romain ; les tribunaux (6) ordon-

---

6. Le président peut-il délivrer l'ordre d'arrestation? — La question est singulière : où il n'y a pas de texte, le droit commun s'applique ; nos présidents de tribunaux n'ont pas l'imperium. *Contra* (Demolombe, VI. 308.)

neront à la force publique de tenir la main à ce que
l'ordre règne. Ont-ils au contraire le droit d'autori-
ser l'enfant qui allègue une *justa causa* à se séquestrer (7)? Certainement non. L'enfant peut contracter
un engagement volontaire à 18 ans (374) ; cette exception est stricte, le droit absolu.

6). — On suit sur le droit de correction les principes de 1673, on rompt avec ceux de 1790 : l'emprisonnement arbitraire est le principe dès que l'enfant
est mineur de 16 ans, l'ordre du président affaire
de forme (8) : il faut que les pères soient des magistrats disait déjà Jacqueminot ; ces magistrats
n'ont pas besoin de motiver leurs sentences

Mais Réal a dit que la puissance paternelle fût
un pouvoir de protection ; on ne l'oublie pas non
plus : trois garanties sont accordées à l'enfant : 1)
l'emprisonnement par voie d'autorité ne dépassera
pas un mois, 2) L'enfant majeur de 16 ans ne pourra
être détenu que si le président du tribunal le juge
convenable sur la réquisition qui lui sera adressée
par le père et *causa cognita*. La durée maxima de la
détention sera de 6 mois. On traite de la même façon
l'enfant même mineur de 16 ans (8)[a] qui a des biens

7. Comme faisait le président Boerius (*sup.* n. 146 p. 76)
8. Demante, II, 121 *bis* le nie ; l'interprète n'est pas le législateur.
8[a]. La détention pourra-t-elle être de six mois ? — Certainement non, l'exception est stricte.

personnels, qui exerce un état, ou dont le père est remarié ? La colère paternelle est ici suspecte, passionnée peut-être, intéressée ou suggérée.

3). Contre l'ordre d'arrestation du président, un recours est ouvert à l'enfant par voie de mémoire au procureur général du ressort. Il vaut aux cas de détention par voie de réquisition d'un enfant qui a des biens personnels ou un état ; il ne profite pas (10) à celui qui est détenu sur la réquisition d'un père remarié ou qui est majeur de 16 ans.

Y a-t-il d'autres châtiments ? — Cela est certain, puisque les premiers ne sont que « pour les sujets de mécontentement *très graves* » (375). La *levis castigatio* continue donc à régler les situations moyennes. Laurent remarque qu'on ne frappe plus les forçats ; cette considération est à l'adresse du législateur.

γ). — Le projet Jacqueminot avait rétabli pour le mariage la majorité de 25 ans ; le Code civil suit cet exemple. Le consentement paternel est nécessaire jusque là ; la sanction, l'annulabilité du mariage. La

9. Le veuf n'est pas « remarié » ; il faut que le 2ᵉ mariage dure. (Da vⁿ Puiss. 32).

10. On le nie : arg. l'appel est de droit commun. Je réponds l'appel est suspensif, donc nous ne somme pas dans le droit commun ; mais le texte de 382 est formel et l'injustice d'ailleurs n'est pas plus grande qu'au cas de détention par voie d'autorité. — Les trav. prép. sont favorable aux deux opinions (Loc. III. 332.

majorité de 21 ans n'est pas ici émancipatrice. On restitue même à la puissance paternelle la perpétuité de droit écrit, au moins en la forme, en exigeant du fils majeur, quel que soit son âge, un acte respectueux, trois du mineur de 30 ans. Il est vrai que l'empêchement résultant de l'absence de cette formalité serait prohibitif ; M. Viollet (11) peut cependant remarquer qu'on aurait du se dispenser de recueillir aussi pieusement ce lambeau de la *patria potestas.*

Tels sont, dans le système du Code civil, les devoirs du père ; ils ne sont pas sanctionnés ; tels sont ses

---

11. Précis. 445. — Les motifs du projet sont étranges. (Fenet 505.) ; on justifie la majorité de 21 ans en affirmant qu'à cet âge les jeunes gens sont, non seulement mûrs *mais souvent caducs*, et on en conclut qu'il faut la reculer de 4 ans pour le mariage. Cette logique est transactionnelle. — Excusera-t-on le législateur en disant (Laurent. IV. 359.) que le consentement au mariage n'est pas un attribut de la puissance paternelle, arg. 150. 159. civ : le droit peut appartenir à un ascendant, voire au conseil de famille ? C'est confondre deux idées : si le consentement est indépendant de la puissance. 1° d'autres que le père peuvent consentir ; 2° on peut remplacer le consentement paternel par autre chose. (L. 24 juill. 89, a. 17.). Le 1° seul ne prouve rien, puisque le droit romain, où apparemment la puissance fondait le consentement, organisait une théorie analogue à celle de notre art. 160. ; mais rien ne supplée au consentement paternel et on est moins avancé que sous es leges Juliæ. (*sup.* p. 80, n. 160).

droits : ils sont restreints en un sens, puisque l'Etat
intervient dans le droit de correction, puisque l'âge
et le mariage émancipent, énergiques pourtant, fortement garantis,

   c. — *Limitations des droits paternels.*

On demande si d'autres limites lui sont imposées.
L'ancien droit plaçait à côté du père deux pouvoirs
de contrôle, α) la mère, 6) le pouvoir judiciaire.
Qu'est devenue cette tradition ?

   α). — Le contrôle de la mère est maintenu, scientifiquement organisé.

On en pose le principe en présentant (103) le devoir d'éducation comme une obligation que les époux
contractent entre eux ; on le formule dans les art.
371, 372. en donnant aux deux parents la même autorité ; il est vrai que l'exercice du droit appartient
au père seul durant le mariage, mais c'est là une
nécessité de fait, il faut une voix prépondérante, on
la donne à celui qui a la puissance maritale (11ᵃ). —
La puissance paternelle est partagée en droit.

   A. — Ce partage est une garantie, si les époux vivent
en bon accord. — Un dissentiment éclate-t-il ? — Le
père l'emporte ; (373) cela est légitime ; la femme lui
doit obéissance (213).

   B. — que si ce dissentiment devenait un conflit

11ᵃ. L'art 373. s'explique par 213 comme 374 par 108 et 214.
— En ce sens de Loynes D. 91. 2. 73.

sérieux rendant impossible la vie commune, la séparation de corps, le divorce interviendraient, la co-
habitation cessant et avec elle l'obéissance de la
femme, les droits égaux du père et de la mère seraient
en présence ; leur lutte sans issue. Une nouvelle
question se pose : il faut que l'Etat intervienne.

Quelque textes lui en donnent le droit.

1). L'instance en divorce (12) est pendante ; sur
la demande de la mère, de la famille ou du ministère public le tribunal prend des mesures provi-
soires (267) ; il dispose, dans l'intérêt de l'enfant,
de la garde et de l'éducation ; il statue souverainement (12ᵃ).

2) Une séparation de corps intervient (302); le
conflit subsiste, l'Etat de tranche (13) ; il dispose des
droits de garde et d'éducation, il les confie s'il le
veut à des tiers. Il est vrai que cette situation est
provisoire : les époux peuvent se réconcilier ; on
rentre alors dans le droit commun, la prépondérance
du père, l'abstention de l'Etat ;

3) La séparation peut aussi être convertie en divorce ; le premier jugement est alors modifié, non

12. Ou en séparation de corps. Il y a même raison de décider.

12ᵃ. Le président du tribunal peut statuer au provisoire par
une ordonnance vu 866, Pr. civ. D. 81. 1. 208.

13. Jurisp. const. surtout Dalloz, 89. 1. 456.

pas détruit ; les mesures compatibles avec le nouvel état de choses subsistent (14). L'enfant reste aux mains de celui auquel il a été confié. Il en sera ainsi du moins jusqu'à ce que l'un des conjoints prédécède, car alors l'exception inscrite dans l'art. 302 cesse de valoir, la puissance paternelle est tout entière (15) entre les mains du survivant.

C). — N'en abusera-t-il pas ? La question se pose en général : le partage de l'autorité était la garantie de l'enfant ; comment la remplacer ? — Le législateur a cru y arriver en organisant une tutelle ; le survivant a maintenant la qualité de tuteur légal.

Il s'agit de savoir si cette garantie n'est pas illusoire. Examinons.

1) Le père survit, il est tuteur légal ; il abuse de ses pouvoirs. Le conseil de famille peut destituer un tuteur indigne ; (444) peut-il destituer le père ? — Cela n'est pas douteux, mais quel sera le résultat ? Le père sera privé de l'administration ; il ne s'agit

14. Arg. jurisp. const. sur les pensions alimentaires, surtout Dall. 86. 3. 94 ; 86. 2. 206 ; 89. 1. 250. Ch. M. Planiol, *Rev. crit.* 87. 715.

15. *contrà*. Dall. 83. 2. 145. Paris, argumente de l'intérêt de l'enfant pour maintenir les mesures prises. — L'arrêt cassé (D. 85. 1. 40) « attendu que les effets ne sauraient survivre à la dissolution du mariage par le décès d'un des époux. » conf. Paris, 3ᵉ ch. et Seine 22 juill. 92. Dall. 93. 2. 81.

pas de cela ; gardera-t-il, au nom de la puissance paternelle, ses droits sur la personne du mineur ? L'affirmative est évidente (16) puisque un texte les lui
donne et que nul texte ne l'en prive. Le contrôle
est idéal, le père cumule deux titres et l'un limite
l'autre (17). La question se pose en pratique à
propos des droits de la mère survivante remariée
à laquelle le conseil de famille ne conserve pas la
tutelle. La solution est la même, les déchéances ne
s'induisent pas.

2) La seule garantie efficace, par laquelle le
Code civil remplace le partage de l'autorité entre
les deux parents est donc l'intervention du président
du tribunal, rendue nécessaire pour l'exercice du
droit de correction toutes les fois qu'il s'agit de la
mère dont on redoute la faiblesse, ou du père rema-

---

16. Il est vrai que 450 donne au tuteur la garde de la personne mais il s'agit d'une tutelle sans mélange de puissance paternelle. — En ce sens. Dall. 26. 2. 3. Cf. D. 91. 2. 73. — soutenir avec Demolombe que l'art. 444 s'étend à la puissance paternelle, c'est faire la loi d'une façon équitable.

17. Le projet allemand, qui fait de la puissance paternelle
un vrai devoir de protection, ignore cette subtilité : le survivant y a dans sa plénitude die elterliche gewalt ». « Le système
de tutelle après la mort de la mère d'après le C. civ. français ne
mérite aucune approbation..., » dit l'exposé de motifs, famil.
recht, p. 724. — a. 1501. 2.

marié. La mère remariée perd complètement le droit de correction.

D. — Une quatrième hypothèse se peut présenter, où le partage de l'autorité entre les deux parents a des conséquences pratiques.

Les deux époux sont vivants, mais le père est dans l'impossibilité de s'acquitter de ses devoirs : l'exercice de la puissance paternelle passe à la mère.

1) Cela est certain au cas d'absence (141); la mère n'est pas tutrice, elle exerce « les droits du mari (18) », on peut même dire qu'elle exerce les siens propres : elle a la surveillance et l'éducation des enfans.

2). On applique les mêmes principes lorsque le père est en état de démence; l'art. 149 le permet pour le mariage et l'on peut appliquer ici l'interprétation analogique puisque le partage de l'autorité paternelle est écrit dans les textes.

Telle est la première garantie accordée à l'enfant : le contrôle de la mère limite les droits du père; le droit d'intervention des magistrats est affirmé en conséquence, pour le cas ou les liens du mariage sont détruits ou relâchés.

6. Le code de 1804, a-t-il permis une plus large in-

---

18. On admet que le droit de correction ne lui appartient que par voir de requisition. Cela est exactement contraire à la loi.

tervention ? — On demande si une sentence judiciaire peut priver celui qui exerce la puissance paternelle A) d'une partie de ses droits, ou B) de la
puissance elle-même.

A. — *Déchéances partielles.*

1) Un père n'use pas de ses droits, il en abuse, il
maltraite, déprave l'enfant, les tribunaux peuvent-
ils agir ?

L'affirmative présente des arguments spécieux : On
s'appuie sur le droit naturel et l'histoire, et l'on
montre que la puissance paternelle est aujourd'hui
et doit être un pouvoir de protection. Alors, ou le
texte est muet, c'est-à-dire qu'il y a une lacune dans
la loi, et l'art. 4 nous renvoie à l'ancienne jurisprudence qui consacre une intervention très large des
magistrats ; ou le législateur a tranché la question,
et il l'a fait en faveur de l'affirmative. Car les art.
302 et 267, statuant sur un cas particulier, accordent au magistrat, au cas de divorce ou de séparation
de corps, les droits mêmes que la Const. 24, et la
Novelle 117 (19), concédaient au magistrat romain.
Or on en a conclu à l'intervention de l'Etat dans la
famille ; sera-t-on plus rigoureux que les Romains ?
Ce principe d'ailleurs est appliqué par le législateur
lui-même : l'art. 444 permet de destituer un tuteur

19. *Sup.* n. 65, p. 110.

indigne ; est-ce que l'autorité paternelle n'est pas au fond une sorte de tutelle? Ces considérations d'ailleurs ne sollicitent pas seulement l'adhésion de la raison, elles s'imposent à la volonté ; admettrait-on que le législateur ait voulu permettre des abus peut-être monstrueux, sans armer le pouvoir social qui a, lui aussi, des devoirs de protection à remplir ?

Cette dialectique est brillante, équitable et prétorienne. Son principe est inexact, car les travaux préparatoires révèlent le contraire d'une pensée ferme qui pût nous guider. Tout le reste est arbitraire : Il est inexact de citer l'art. 4, pour se référer à l'ancien droit puisque la loi du 30 ventôse an XII l'a abrogé, arbitraire encore de choisir dans cet ancien droit ce qui est favorable à la liberté en rejetant le reste. Historiquement, on feint d'oublier que les parlements sont souverains, que le magistrat romain a l'*imperium* et que nos tribunaux ne l'ont pas. On s'efforce donc en vain de faire une règle de l'exception écrite dans les art. 302 et 267, pour étendre d'une façon divinatoire la portée de l'art. 444. Restent les considérations morales ; elle sont pour le législateur de 1804 un reproche très grave, elles ne touchent pas à notre question. Il est certain que les textes établissent sans réserve les droits et la puissance du père ; il faut un texte pour la diminuer ; il n'y en a pas, c'est que l'autorité paternelle est absolue. Croit-on que les partisans de cette autorité eussent laissé passer sans le réglementer et le limiter le droit de contrôle des tribunaux, et pourquoi le tribunal de Cassation (19ª) eut-il demandé que l'on prononçât au moins la déchéance contre le père dont l'indignité serait mise en évidence par une condamnation à une peine aflictive et infamante ?

La conclusion s'impose : Le père peut, sous le régime du Code civil, abuser de ses droits ; s'il maltraite gravement l'enfant, les art. 309, sq. du Code pénal le puniront ; hors de là les magistrats n'ont pas à intervenir (20).

2). Tel est le principe. Mais peut-être qu'en de certains cas particuliers les magistrats pourront puiser dans d'autres considérations le droit d'y déroger.

α') Les ascendants ont à vrai dire, une partie de la puissance paternelle, en tous cas la nature comme le législateur établissent entre eux et les petits enfants des relations de droits et de devoirs singulièrement étroites ; l'arbitraire du père n'a pas le droit

---

19ª. Fenet. II, 509.

20. Laurent, IV.371, permet leur intervention lorsque l'abus est « monstrueux » et seulement alors. La distinction est flottante et si l'on fait la loi, pourquoi se limiter aux cas exceptionnels ?

de les briser, les tribunaux interviendront pour réglementer ici l'exercice du droit de garde. Cela dit-on sera légitime, même en admettant la solution négative sur la question générale, car les ascendans ont personnellement des droits spéciaux, rivaux en quelque façon de ceux du père et que les magistrats ont le devoir de protéger. Ainsi l'enfant a vis-à-vis d'eux des devoirs moraux de respect comme vis-à-vis de ses père et mère (371); à eux seuls, dès que le père et la mère sont morts, il appartient de décider du mariage projeté par l'enfant (150, ils sont tuteurs légaux (935). Les magistrats peuvent faire prévaloir ces droits sur le caprice paternel, sauf à eux bien entendu, à apprécier en leur conscience ce qu'exige la légitime autorité du père, l'intérêt de l'enfant et le droit de l'ascendant et à apprécier en fait la limite du droit et de l'abus.

Cette discussion ajoute peu de chose à l'argumentation générale. On cite l'art. 371 (21); il vise uniquement les père et mère; étendra-t-on par analogie une obligation légale? Le droit de consentir au mariage qui appartient aux aïeuls appartient aussi au conseil de famille; les ascendants (22) sont

---

21. Dall. 57. 1. 273.

22. On ajoute encore un argument singulier tiré de la réserve des petits enfants (914). Est-ce à dire que tout réservataire a la puissance paternelle sur celui à la succession duquel il est

tuteurs légaux, mais un étranger peut leur être préféré (397). Il n'y a pas deux puissances paternelles, il n'y en a qu'une seule et elle appartient aux père et mère. Il s'agit d'une institution d'ordre public ; il faudrait un texte pour la modifier, il n'y en a pas. Il faut toujours en revenir à chercher dans une mission de contrôle général le fondement du droit des tribunaux, or on ne le peut pas ; Tronchet nous répondrait encore : *l'enfant n'appartient qu'au père*.

6'). On en prend acte : l'enfant n'appartient qu'au père, dit-on, or un propriétaire peut se lier, céder son droit ; la justice à tout le moins interviendra ici pour contraindre le père au respect de ses engagements. Une telle hypothèse est concevable : un père abandonne son enfant ; un tiers l'élève, le père lui cède ses droits ; ou bien une transaction intervient entre le père et un ascendant sur l'exercice du « droit de visite (23), » entre deux époux de religion différente sur l'éducation religieuse ; les exemples abondent : le père pourra-t-il ensuite se prévaloir, pour violer le contrat, de ses droits absolus ?

Il faut, pour justifier ici l'intervention des tribunaux, rayer du Code l'art. 1388 et l'art. 6 : ces con-

---

appelé ? Alors les petits-enfants ont la puissance paternelle sur les ascendants (915).

23. Bordeaux. D. 68.5.340.

ventions et ces renonciations sont nulles parce qu'on ne transige pas sur la puissance paternelle qui est d'ordre public (24).

B. — *Déchéance totale.*

La conclusion est la même en ce qui concerne le droit, pour le pouvoir judiciaire, de frapper le père indigne d'une déchéance totale. En un seul cas, le Code civil se prête à une telle disposition des droits paternels : la mort civile, en frappant le condamné à des peines afflictives et infamantes, qu'on se réserve d'ailleurs de déterminer plus tard, (24) le privera de ses droits de garde et de correction en même temps que de tous les autres. Hors de là, il faut reconnaître que le pouvoir judiciaire est désarmé quel que soit l'abus ; il n'y a pas de moyen de droit qui pût remplacer les anciennes émancipations forcées, il n'y a rien d'analogue à la destitution de tutelle pour inconduite notoire qui figure dans tous les projets révolutionnaires. La déchéance est une peine ; il n'y a pas de peine sans texte.

Le système du Code civil apparaît ainsi comme la transaction (25) que les travaux préparatoires fai-

24. Sic. Cass. 5 mars 1855. Dall. 55. 1. 341. Cf. Caen. 27 août 1828. Dall v° Puiss. p. 186. 2°.

25. Cela explique que l'on soutienne tantôt que la théorie du code est une restauration complète de la patria potestas sauf l'émancipation par l'âge et le mariage (Pradines, J. O. 1881.

saient pressentir, compromis entre deux tendances
inconciliables où l'on devait fatalement verser du
côté de l'autorité puisqu'on voulait, disait-on, « for-
tifier le ressort de l'autorité paternelle ». Il est vrai
que le législateur a voulu en même temps, conserver
à la puissance paternelle son caractère de pouvoir
de protection, mais l'esprit de la loi est en un sens,
le texte dans l'autre ; les devoirs du père ne sont pas
sanctionnés, ses droits sont très bien protégés. Les
seules garanties de l'enfant sont les restrictions,
renouvelées des arrêts de 1673, que l'on apporte
au droit de correction et surtout le partage de l'autorité entre les deux parents, qui autorise aux cas
de divorce et de séparation de corps, l'intervention
exceptionnelle du magistrat.

Ann. n. 5. Sénat. Exp. motifs, prop. Roussel ; et Bruevre, Loi
du 24 juillet 1889. Paris, 1891, p. 17), tantôt qu'il y a identité
entre le code et les coutumes. (Laurent, IV, 258. trib. Seine,
2ᵉ ch. 27 janv. 90. S. 91. 2. 20.]. La pensée du législateur est
plus complexe et moins logique.

CHAPITRE III. — Législation postérieure au Code civil.

Le système de 1804 naissait-il viable ? — C'est aux faits à répondre. — On concevrait que cette réponse fût négative.

Les projets révolutionnaires retrouvaient *a priori* ce que l'histoire enseignait ; ils déduisaient ce que la nation induisait quand elle constatait que l'ancien régime était mort et que « cela avait assez duré ». Or les jurisconsultes croyaient de bonne foi que leur philosophie sans critique donnât tout de bon ces principes ; puis, le consulat venu, la contre-révolution commencée, ils s'avisèrent que de la même source complaisante la réaction sortait aussi aisément : ils en concluent alors qu'elle a la même valeur que l'histoire, et ils passent à côté des besoins de la pratique, ils ne s'y arrêtent pas ; à quoi bon ? — le flambeau de la raison les guide. On construit donc cette étrange théorie du Code de 1804, où la puissance paternelle est un pouvoir de protection à condition que le père soit l'homme idéal que J. de Maistre n'a jamais rencontré « auquel les enfants

sont soumis mais qui n'écoute, lui, que la voix de la
nature, la plus douce et la plus tendre de toutes les
voix... magistrat, mais « dont la magistrature a
moins pour objet d'infliger une peine que de faire
mériter le pardon ? (1) » et la série des antithèses fa-
ciles se poursuit, fondée « sur la terre ferme des
lois de la nature », et l'on ne s'est pas aperçu qu'on
avait perdu pied depuis très longtemps et que l'on
tournait peut-être le dos à l'étape en marchant vers
un mirage dans quelque beau rêve équitable.

Or, tandis que le législateur songe aux pères sen-
sibles et aux enfants vertueux, des faits nouveaux en
effet se sont produits et la question juridique des
limitations de la puissance paternelle est devenue
question sociale. Dans les cités ouvrières, la démoralisation de l'enfance s'est révélée. L'enfant est une
gêne, une dépense : la rue sera son gîte, la prostitution le guette à chaque détour, la mendicité le fera
vivre ; il est une épave sociale. — Il faut lutter
contre ce mal (2) ; comment ? La charité privée,
l'Etat interviendront, mais il faut d'abord enlever
l'enfant au milieu qui le perd ; — on ne le peut pas

1. Projet de la commission du gouvernement. Fenet, 1.
504.
2. Der kampf, gegen die verwilderung und verwahrlosung der
Jugend, dit le projet allemand. (Roussel, rapp. J. O. Ann. Sén.
83. 584.

parce que le père qui abuse de ses droits demeure souverain. Alors l'intérêt social et la moralité publique protestent contre le Code civil. — Les législations *a priori* ont de ces mauvaises fortunes. Il faut que le système de 1804 soit profondément remanié.

Or le problème a deux faces : il y a le fait et il y a le droit ; il faut avoir le droit de briser la puissance paternelle de l'indigne, il faut lui retirer l'enfant et il faut savoir où le mettre ; l'enlever et l'élever : aux deux questions, il faut une réponse.

Le droit sort des faits ; il en est sorti à ces deux points de vue. I) La pratique a essayé d'abord A) de se passer du droit et de résoudre la question de fait, B) puis de faire du droit comme le préteur ; II) le législateur à son tour est intervenu en des cas exceptionnels ; III) la loi du 24 juillet 1889 a achevé les deux évolutions en tranchant pour la première fois les deux questions ensemble, le point de fait et le point de droit.

Suivons ce mouvement.

§ I. — Œuvre de la pratique.

A. — *Question de fait.*

Résoudre en fait le problème des limites de la puissance paternelle, c'est écarter l'enfant de la fa-

mille quand on reconnaît qu'il y est corrompu. Il
y a trois moyens : *a*) La charité publique peut attendre que l'enfant commette un délit, le mettre en
prison ou le confier à un tiers ; *b*) ou n'attendre pas
et le remettre quand même à l'assistance publique.
c) La charité privée peut enlever l'enfant au père. —
On fait ces essais ; quel en sera le succès ?

   a). 1° — La police ramasse un enfant dans la rue ;
il vient de commettre un délit, qu'en fera t-on ? Le
code pénal de 1791 (3) permet au juge d'envoyer dans
une maison de correction jusqu'à 20 ans le mineur
de 16 ans acquitté pour défaut de discernement ; les
art. 66, 67. du C. P. 1810 reproduisent cette règle. On
peut envoyer en correction jusqu'à 20 ans ceux que
l'on acquitte, on y doit envoyer ceux que l'on condamne. Voilà un premier moyen d'hospitalisation.
On en use largement (4). — Charité sévère.

   Sera-t-elle efficace, élèvera-t-on l'enfant ? L'art.
66 parle de « maisons de correction » ; elles n'existent
que dans ce texte. En fait, prévenus, condamnés et
enfans sont pêle mêle dans les prisons départementales. Une circulaire (5) institue alors pour eux une

---

3. I. V. A. 2. 3.

4. « On a envoyé des enfants de quatre ans en correction »
(Brueyre. rapport *l. c.*) M. Guillot (rapp. à soc. gen. des prisons, 1889) cite le cas d'un enfant aveugle enfermé deux ans
dans une cellule à la petite Roquette.

5. 3 déc. 1832 dans Garraud *Précis* 217.

libération conditionnelle avant la lettre, mais c'est rendre l'enfant aux parents; on tourne dans un cercle.

2°. — Il faut organiser une hospitalisation sérieuse : la loi de 1850 (6) sur l'éducation et le patronage des jeunes détenus a ce but : des colonies pénitentiaires ou privées sont maintenant investies en fait des droits de garde et d'éducation ; on réglemente cette éducation (7) ; on maintient d'ailleurs (7) la libération anticipée : l'enfant pourra être placé chez un particulier ; que si les parents cherchent à le reprendre, on le réintégrera dans la colonie ou en cellule. L'expédient est ingénieux ; des sociétés privées se fondent (9), l'administration pénitentiaire leur confie les détenus. Ce procédé demeure injuste, puisqu'il frappe dans l'enfant la faute et le vice du père,

6. L. 5 août 1850. Dès 1843 la Chambre des députés votait un projet, permettant de les placer chez un particulier, sauf le droit pour l'administration de les réintégrer en prison.

7. a. 1-3.

8. a. 9.

9. A Paris celles de MM. Bérenger et Bournat. En 1887, 240 enfants sont ainsi placés (Brueyre l. c. 48). Entre 20 ans, limite de la correction suivant P. 66, et la majorité, comment faire ? — La loi de 1858, a. 19, met alors le mineur sous le patronage de l'assistance publique. On ne l'applique jamais ; le mot assistance publique n'a de sens précis que depuis l'art. 24. L. 24 juil. 89.

insuffisant puisque le remède vient trop tard, quand l'enfant corrompu commence à nuire, le mal fait.

b) Comment le prévenir ?

L'assistance publique est désarmée par le décret de 1811 (10) et en 1823 une circulaire Corbières (11) pose en principe que l'enfant de 12 ans se doit suffire à lui-même et que l'enfant légitime est assez protégé par la famille.

On ne tiendra pas compte de ces textes.

De très bonne heure, on recueillait dans les hospices (12) les enfants dont les parents sont détenus, préventivement ou non ; car on ne redoutait plus alors leur puissance paternelle. En 1881 on va plus loin : le conseil général de la Seine autorise l'assistance publique parisienne à ajouter au service des enfants assistés celui des *moralement abandonnés*. Il n'y a pas de loi, mais on s'en passe (13). Le petit parquet et la préfecture, rarement les parents, envoient des enfants à l'assistance publique.

10. D. 19 fév. 1811, ne mentionne que les « trouvés » les orphelins, ceux dont le père et la mère sont disparus.

11. Brueyre, *l. c.*

12. Arg. L. pluv. an XIII, a. 1. « les enfans admis dans les hospices « *à quelque titre que ce soit...* »

Ce service émarge au budget d'un million, il reçoit 800 enfans.

14. La décroissance des cas d'application de 66 P. est significative. (M. Brueyre, *l. c.*

Comment résiste-t-elle aux pères qui se prévalent pour les reprendre de leur puissance paternelle? Elle a son autorité morale, rien de plus.

Il suit qu'elle n'est pas en sûreté ; elle ne peut pas non plus se prévaloir, vis-à-vis de ses pupilles insoumis, du droit de correction paternelle ; elle ne peut pas enfin enlever au père des enfants qu'il emploie à la mendicité ou autres métiers innommés — que ne commettent-ils des délits? La puissance publique acquérerait des droits sur eux pour les moraliser ; il est vrai qu'elle viendrait un peu tard ; actuellement le père seul en a.

c). Ainsi la charité publique a presque échoué ; la charité privée intervient ; elle est ingénieuse, opiniâtre ; les œuvres spéciales à l'enfant s'organisent, elles élèvent en 1880 plus de 40.000 abandonnés (15). Mais le père peut si bon lui semble se ressouvenir

1881.	a. 66 : 8.140; a 67.	180.; a. 376, C. 227.	
1882	7.808	190	229
1883	7.207	164	216
1884	6.721	142	218
1885	6.392	152	235
1886	5.888	145	171
1887	5.591	136	97

15. M. Roussel (rapport J. O. Ann. Sén. 83) donne les chiffres : 613 congrég. et 100 laïq. élèvent 40035 enfans = 8367 garçons dont 4727 < 12 ans et 31688 filles dont 11442 < 12 ans.

de ses droits, les revendiquer ; comment faire ? —
« Nous ferons comme nous pourrons » répondait Demolombe ; les sociétés privées répondent de la
même façon : on cherche un moyen de droit pour
briser le droit du père ; il n'y en a pas. — Une convention de renonciation faite par lui serait nulle (16).
Lui fera-t-on signer un engagement de rembourser,
s'il reprend l'enfant, les frais d'éducation ? mais cet
homme est insolvable et l'on ne peut retenir l'enfant
comme un gage. Lui imposera-t-on de confier l'enfant à un tiers par un contrat d'apprentissage ? —
La loi du 4 mars 1851 permet cette convention ;
elle impose alors au père l'obligation civile de laisser l'enfant travailler chez le patron et la charité privée se fait fort de trouver des patrons de bonne volonté. Mais le contrat d'apprentissage est résoluble
pendant les deux premiers mois (a.14) ; il l'est toujours si l'une des parties manque à l'exécuter ; or,
à l'instigation de sa triste famille, l'enfant trouve
toujours moyen de se faire renvoyer.

Ainsi la charité privée est désarmée aussi et force
lui est de détourner sa sollicitude (17) des morale-

16. *sup.* p. 180, n. 24. En vain serait-elle signée à la barre du
tribunal et comme une condition de l'acquittement de l'enfant.
Il est contraire aux bonnes mœurs d'empêcher un magistrat
domestique d'écouter à sa manière la voix de la nature.

17. Rapp. Roussel. J. O. Ann. Sénat. 1883. p. 582.

ment abandonnés sur la tête desquels plane la douce autorité des pères vertueux de 1804.

Ces tentatives montraient que le droit doit dominer le fait ; là où la loi faiblit, la pratique toute seule est impuissante.

B. — Il faut chercher ailleurs, il faut résoudre la question de droit. La jurisprudence va s'efforcer de suppléer aux lacunes du texte, de le tourner ; elle va édifier une construction prétorienne.

Le législateur de 1804 posait trois principes certains et la jurisprudence est forcée de les reconnaître : 1) La puissance paternelle est un droit spécial, non pas une tutelle à qui s'appliquât le droit commun de la tutelle (18) ; 2) elle est d'ordre public et les conventions qu'on fait sur elle sont nulles (19) ; 3) le pouvoir judiciaire ne peut pas frapper un père indigne d'une déchéance totale (20).

On admet ces règles, mais ne peut-on les tourner ? Limitation n'est pas déchéance, on peut diminuer

18. Da (26. 2. 3.) On refuse d'homologuer parte in qua la décision d'un conseil de famille destituant un père survivant et confiant la garde à un tiers — Da (55. 2. 247) C. Paris 9 mars 1854 casse un tel jugement d'homologation. — Da (91. 2. 73.) La destitution de la tutelle n'entraîne pas déchéance ipso jure — Cf. si 64. 1. 155.

19. Da 55. 2. 91 ; 55. 1. 341.

20. Si 56. 1. 408 ; (Da. 56. 1. 290.) Cf. trib. du Puy. Da. 70. 3. 64.

sans détruire, supprimer en détail, maintenir en
bloc. Ainsi le pouvoir judiciaire a un droit de contrôle général et très large, celui de règlementer souverainement, en s'inspirant de l'intérêt de l'enfant,
l'exercice des droits paternels. Quelques arrêts posent ce principe (21). — On procède ordinairement
avec un peu plus de timidité.

a). — L'élément dangereux de la puissance pater
nelle, celui qu'il faut frapper, c'est le droit de garde
et d'éducation ; or ce droit là est absolu en principe ;
il faut le reconnaître (22), l'intérêt de l'enfant ne
suffirait pas à lui seul à légitimer l'intervention de
justice. Que faut-il donc ? — Deux conditions sont
requises : 1) il faut qu'il y ait un abus de droit (23).
2) A quoi le reconnaître ? — La santé, de l'enfant
peut être compromise par les mauvais traitements,

---

21. Bordeaux si 74. 2. 216 ; Cass. si 57. 1. 721. « Si le législateur se contente de reconnaître la puissance paternelle et
d'en régler quelques effets, il n'entend pas cependant qu'elle
soit absolue et sans contrôle. »

22. Cass. 26 juill. 70. « Le droit de garde est dévolu au
père seul et hors des cas d'indignité *déterminés par la loi*, alors
même que l'intérêt de l'enfant semblerait l'exiger, le juge ne
saurait.. en dessaisir même momentanément l'autorité du
père » et Cass. 12 juill. 70.

23. Seine. Si 77. 2. 218. « Le contrôle judiciaire ne peut
s'exercer qu'en cas d'exagération, d'abus de droit par le
père.. »

alors il sera autorisé à se séquester (24) ou bien on le confiera à un tiers (25) chez lequel les parents auront seulement le droit de le visiter. — Il se peut que sa moralité fût seule en danger ; après hésitation (25) la jurisprudence presque unanime (27) se prononce encore dans le sens de l'intervention large du magistrat.

b). — Posons maintenant qu'un abus caractérisé ne mît point en péril la santé ou la moralité de l'enfant ; une seconde exception au caractère absolu du droit de garde est écrite alors au profit des ascendants sur l'album du préteur.

Quelques rares arrêts (28) remarquent il est vrai

24. Caen. Da. v° puiss. p. n° 26 et Da. 61. 2. 92. motifs « dans tous les cas où un abus monstrueux montre qu'on est en dehors des prévisions du législateur. »

25. Seine. Da. 69. 3. 104. Cf. Paris D. 77. 1. 61. « Il suffit que les parens n'entourent pas l'enfant des soins que nécessite une santé délicate. »

26. D. 70. 3. 64. trib. du Puy.

27. La question se pose souvent sur la destitution de tutelle d'un époux survivant : D. 55. 2. 247 : la mère survivante privée de la tutelle, les enfans placés dans une institution. *Conf.* si 55. 2. 91 ; Lyon Da. 27. 2. 97. — La solution est la même en d'autres cas : Seine si 72. 2. 312. motifs et Cass : Da. 56. 1. 290 ; 64. 1. 301 ; 79. 1. 223.

28. Paris D. 54. 2. 622 ; Cass. 57. 1. 273 ; cf. 61. 2. 92 ; 68. 2. 340.

que cela est arbitraire ; la grande majorité (29) protège le *droit de visite* des ascendants, les magistrats appréciant d'ailleurs en leur conscience, en
quelle mesure la résistance du père est l'usage ou
l'abus de son droit, et choisissant en fait le moyen
le plus propre (30) à concilier les exigences légitimes
des droits en présence.

Voilà tout ce que fait la jurisprudence pour limiter la puissance paternelle ; c'est trop et trop peu :
cela est excessif puisque cela est illégal ; cela est insuffisant en face de la question de l'enfance : cela
n'est rien. Car sur quelles espèces statuent les
arrêts recueillis et de quoi s'agit-il en fait ? — On
parle d'ascendants *qui garderont les enfants les quinze
premiers jours de vacances,* on saisit la cour suprême ; — arrêts à l'usage des enfants riches, qu'on
se dispute et qu'on entoure. La cause de l'enfant

29. Les recueils en sont remplis : Cass. D. 57. 1. 273 ; 71.
1. 217 ; — Paris : 67. 5. 348 ; 69. 2. 238 ; Nancy. 68. 2. 176.
— Bourges 86. 2. 78. — Lyon 87. 2. 155, etc.

30. Cass. Si 71. 1. 28 et nombreux arrêts *conf* : les enfans
séjourneront qq. temps chez les ascendans ; surtout Nimes D.
v° p. 54 ; Bourges 86. 2. 78 ; Lyon 87. 2. 155. — Le père est
ainsi privé momentanément du droit de garde. D. 67. 5. 348.
c. 69. 2. 238. — Aix si 91. 2. 25 avec de curieux motifs de
droit naturel. — Le plus souvent l'enfant devra se rendre chez
l'ascendant avec (68. 2. 176. 86. 2. 78), ou sans (71. 1. 218 ;
87. 2. 155.) surveillance du père ou de son mandataire. — Ou
l'ascendant visitera l'enfant (68. 2. 176 ; 87. 2. 155).

moralement abandonné ne se présente pas ainsi. —
Il est vrai que les tribunaux interviennent en général pour réprimer les abus mais qui les saisit ? —
Des parents. — Il n'y en a pas ici, il n'y a que l'assistance publique ; or elle n'a pas de droits, elle
n'a pas qualité ; pas d'intérêt pas d'action. La question qui se pose est une question d'ordre pratique ;
il y faut une réponse large et que la pratique com-
prenne ; la jurisprudence a beau torturer les textes,
elle ne peut pas la donner, pas plus que ne l'a
donnée la pratique administrative qui ne limitait la
puissance paternelle qu'à condition de transporter
l'éducation dans les prisons.

§ II

Le législateur devait intervenir ; il le fit timide-
ment ; il résout la question de droit en des cas particuliers, A) par une limitation ou, B) par une déchéance totale de la puissance paternelle infligée à
l'indigne.

A. — Il y a deux expèces d'exploitations de l'enfance ; l'une se fait a) par des métiers nommés,
l'autre b) par des trafics sans nom. — On se place
aux deux points de vue.

a). — Un enfant travaille quinze heures dans un

atelier, il rapporte et ne gêne pas ; la combinaison
est heureuse. Les ateliers se remplissent donc d'une
population d'enfants vouée à l'épuisement et à la
mort. Un cri d'alarme part alors de Mulhouse, poussé
par les patrons eux-mêmes ; le législateur s'avise
que le nombre des pères vertueux diminue et vote
la loi du 22 mars 1841 (31) ; les enfants ne travailleront plus désormais que six heures par jour ; ils
ne travailleront pas avant l'âge de 12 ans ; un patron n'admettra plus un enfant si l'on ne justifie
qu'il fréquente une école. Le devoir d'éducation devient utile à remplir. Cela souleva des protestations
indignées.

b). — Mais le père a la ressource de ne pas s'occuper de l'enfant, de le délaisser ; il aura l'éducation
que donne la rue. Le législateur s'émeut une seconde
fois, il vote la loi du 28 mars 1882, il rend l'instruction obligatoire ; on reprend après un siècle la tradition révolutionnaire du décret de l'an II (32) : le
devoir d'éducation acquiert une sanction directe ;
de 6 à 13 ans l'enfant fréquentera les écoles : ne lui
donner aucune instruction devient une contraven-
tion punie d'amende ou de prison (33).

31. Complétée par celle du 19 mai 1874.
32. D. 29. Frim. an II. sup. p. 160. n. 19.
33. 479. 480. P. a. 13. 14. L. 82. — Maximum de 5 jours
d'emprisonnement au cas de récidive.

Ces dispositions reconnaissent le droit de l'enfant et celui de la société. — Il est vrai ; seulement tout cela touche à la question, ne la tranche pas ; on circonscrit le mal, on ne l'attaque pas. Le père ne peut plus faire travailler l'enfant 15 heures... il ne le fera plus travailler du tout ; il doit l'envoyer à l'école... qu'importe l'amende contre un insolvable, la prison contre un habitué ? L'instruction d'ailleurs n'est obligatoire que pour les enfants de 6 à 13 ans. Ce sera l'abandon avant, la démoralisation après (34). Les demi-mesures n'arrêtent rien ; il faut une solution de droit.

B. — Le législateur essaie deux fois de la donner *a*) en 1810, et *b*) en 1875.

a) — L'art. 335, du code pénal édicte la déchéance de plein droit (35) contre le père et la mère qui au-

34. Cf. rapport de M. Georges Berry au Conseil municipal de Paris. *Temps.* du 22 mai 1892. — Il y a trois catégories de victimes des entrepreneurs de mendicité ou de prostitution. 1) les enfants au dessous de cinq ans, 2) ceux de 6 à 11 ans, 3) ceux de 11 à 16. M. Berry dit à quel prix on se procure un enfant au maillot qu'une nuit de décembre passée à la porte d'un café concert \a faire mourir, comment on rend cet autre infirme pour qu'il soit d'un meilleur rapport. — Quant à ceux de 11 à 16 ans, il dit aussi ce qu'on en fait et cela est plus triste encore. La loi de 1882 n'empêche pas ces trafics.

35. On a soutenu le contraire devant le parlement (J. O. 28 mai 1883. d. p. 569 et 8 juill 83. d. p. 836.) l'erreur est évidente : elle n'est pas isolée.

ront attenté aux mœurs, en excitant, favorisant ou facilitant la débauche ou la corruption de l'enfant ; déchéance relative (35ª) d'ailleurs, ne privant le père que des droits qu'il avait sur l'enfant victime (36) Le législateur de 1810 ne fait rien de plus (37).

b). — Cependant la démoralisation sait prendre d'autres formes que le proxénétisme : deux combinaisons surtout sont ingénieuses. — Le père peut faire de son enfant mineur de 16 ans un saltimbanque ; il peut l'employer à la mendicité : cela est simple et pratique. La loi du 7 décembre 1874 (38) vise ces deux hypothèses : les tribunaux auront le droit de

35ª. Même disposition au C. P. belge. du 8 juin 67. a. 378-382. et L. 15 juin 1846. Belg.

36. Quid de l'excitation à la débauche en un but de séduction personnelle ? — La jurisp. apprécie en fait l'opportunité, de la déchéance suivant la gravité des circ. : arg. trav. prép. L 13 mai 1863 ; un amendement restreignant 334. P au seul proxénetisme est rejeté pour confirmer la théorie de la jurisp.

37. L'interdiction légale de 29. P. ne touche pas aux droits personnels (Garraud. l. c. 257) ; il est vrai que la puissance sera paralysée en fait ; c'est ici la prison non le texte qui protège l'enfant. — La dégradation civique de 20 P ôte la tutelle, non la puissance.

38. Cf. L. Italienne du 21 Déc. 1873 (infr. Ch. IV, p. 247, n. 65). — La loi du 7 déc. permet de frapper 1) les père et mère livrant les mineurs de 16 ans à des saltimbanques ou entrepreneurs de mendicité, 2) ceux qui les auront employés eux-mêmes à la mendicité habituelle.

prononcer contre les père et mère la déchéance totale de la puissance paternelle ; relativement à tous
leurs enfants. — Ainsi le magistrat peut désormais
sévir d'une façon énergique contre les abus les plus
graves ; en droit ce progrès est considérable.

Est-ce à dire que la question des limitations de
la puissance paternelle fut résolue? — Les statistiques continuent à affirmer après 1874 l'urgence et
l'absence d'une solution pratique; et cela est explica-
ble puisque le législateur, avec plus ou moins de timidité n'a jamais abordé jusqu'ici que le côté juridique
de la question et qu'il y en a un second, que ce n'est
pas tout d'enlever l'enfant, qu'il faut l'élever ; voilà
pourquoi la loi de 1874 est inefficace, comme la création administrative de 1881 insuffisante. La pratique toute seule et le législateur isolé ont échoué
chacun de leur côté.

§ III. — Loi du 24 juillet 1889.

Il reste qu'ils se réunissent, qu'on renonce au
droit naturel et qu'on descende dans les faits. On le
comprend maintenant, on réclame une loi complé-
mentaire de la législation des enfants assistés, « loi
administrative, destinée à placer sous la protection
de l'autorité publique les enfants que la circulaire

Corbières et le décret de 1811 mettent hors des cadres des services publics, loi confiant au pouvoir judiciaire la mission de conférer à la charité publique ou privée les pouvoirs nécessaires pour accomplir leur œuvre » (38).

Au lendemain de la loi de 1874, deux projets déjà sont élaborés, deux directions indiquées, la prison et l'assistance.

1). Dès 1875 M. le conseiller Voisin demande simplement un perfectionnement de la loi de 1850 et de l'éducation correctionnelle ; la société attendrait encore pour intervenir que l'enfant commît un délit, mais on aurait le droit de limiter la puissance paternelle assez pour permettre à la charité publique ou privée d'accomplir son œuvre de relèvement moral ; l'indignité du père serait d'ailleurs appréciée largement, ses droits restreints selon les circonstances (39).

---

38 Cf. Brueyre. *l. c.*

39. Cf. a. 13, projet Voisin, dans Brueyre. *l. c.* « Les père et mère de l'enfant conduit dans une maison de réforme peuvent être privés de la garde de sa personne jusqu'à sa majorité... 3° s'ils l'ont volontairement abandonné ; 4° s'ils n'ont habituellement exercé sur lui aucune surveillance ; 5° s'ils sont eux-mêmes d'une inconduite notoire. » — C'est rendre légal sans le dépasser le système de la société Berenger et Bournat.

2). Vers la même époque, MM. Robin, Roussel, Brueyre, etc., étudiaient la question à la société des prisons ; du sein de ces discussions naît en 1881 la création du service des moralement abandonnés. Il a sur le projet Voisin l'avantage d'apporter un remède préventif ; l'administration de l'assistance démontrait par le fait sa supériorité sur l'administration pénitentiaire. La question prend donc une orientation nouvelle ; elle se transporte sur le terrain hospitalier. Voilà pour le point de fait. Mais se contentera-t-on en droit de ce que réclamait le projet Voisin, d'une limitation large des droits de garde et d'éducation, avec seulement pour les cas exceptionnels la ressource de la déchéance ? MM. Duverger, Desportes, Béranger ne demandent que cela (40) ; en fait, cela est assez puisque la pratique ne demande pas plus ; réclamer davantage serait trop parce qu'un juge obligé de frapper fort ne frappe pas.

M. Roussel porte au Sénat le 27 janvier 1881 le résumé (40)ᵃ de ces débats. — On reprend alors la question, on estime que la conclusion de MM. Du-

40. Cela est certain. Cf. un texte formel dans *Bull. soc. gén. pris.* 1882, p. 234. « il faut savoir se réduire à demander le strict nécessaire ;... toucher au droit de garde est assez ».

40ᵃ. « En matière de protection de mineurs indignes, en règle générale l'essentiel est d'*organiser la garde de la personne.* » Sénat, 1ᵉʳ mai 1883. Cf. Brueyre. *l. c.* p. 16.

verger et Béranger est trop timide on demande la
déchéance totale parce que cela fait une situation
nette ; on argumente en droit et *a priori* : l'intérêt
de l'enfant ne fonde-t-il pas l'autorité paternelle ? —
Donc, où il manque, la puissance tombe, puisqu'elle
n'a plus de base ; cela est logique. Cette théorie
triompha, on nomme une commission extraparle-
mentaire où domine l'élément juridique (41), son
programme même tranchait la question (42), le projet
de la chancellerie devient (43) ainsi la loi du 24 juillet 1889 ; il consacre la théorie de la déchéance.

On cherche quelle solution est apportée ici au problème des limites de l'autorité paternelle, A) soit
en droit, B) soit en fait.

A. — *La question de droit.*

Il s'agit de savoir α) quand la déchéance doit frap-

---

41. Elle se réunit au ministère de la justice, non de l'intérieur ; trois membres seulement appartiennent à l'administration.

42. Elle doit « examiner les modifications à introduire...
afin *d'enlever* au père.. indigne *l'autorité que la loi lui donne*.. »

43. Englobé d'abord dans la prop. Roussel remaniant la législation de l'assistance, laquelle se heurte à des questions de
voies et moyens ; on cherche des ressources dans la suppression des successions au delà du 6ᵉ degré. [G. Réache. 3481. 29
janv. 1885]. Le gouvernement reprend le projet primitif en
1888 ; on le soumet au conseil d'état et au conseil supérieur de
l'assistance publique.

per le père indigne, 6) quand d'autres mesures la remplacent et lesquelles.

α. — *Déchéance.*

1) On se place en face du texte ; 2) on se demande quel principe directeur a guidé le législateur ; — l'intérêt pratique est considérable.

1. — Il y a dans la loi de 89 deux degrés d'indignité, et la déchéance s'impose ou non.

α'. — Elle s'impose dans les cas énumérés par l'art. 1, crimes ou délits très graves : attentat aux mœurs de 335 P., crime commis ou facilité sur la personne de l'enfant, récidive d'un délit dans les mêmes conditions, crime commis de complicité avec l'enfant, double condamnation encourue pour excitation habituelle de mineurs à la débauche ; elle est alors encourue de plein droit (44).

6'). — Elle est facultative dans les hypothèses de l'art. 2. Il faut en général ici qu'une condamnation intervenue rende l'indignité manifeste : condamnation du père aux travaux forcés ou à la réclusion comme auteur ou complice d'un crime de droit commun, double condamnation pour séquestration, suppression, exposition d'enfants (45), même pour

---

44. Arg. art. 9, § 2. : les tribunaux répressifs prononcant la déchéance en ces hypothèses *peuvent* statuer spécialement sur ce point, donc ils ne le *doivent* pas. — La pratique est en ce sens. *Contrà* Didier. L. 89. p. 64.

45. Les circonstances font varier la qualification de ces faits ;

vagabondage. On ajoute l'hypothèse prévue déjà par la loi de 1874, la condamnation unique encourue pour excitation de mineurs à la débauche (la récidive rendrait la déchéance obligatoire). — Le § 5 permet encore de priver de ses droits le père dont l'enfant est envoyé en correction en vertu de l'art. 66 P.; cet envoi en correction ne suffit-il pas à mettre en évidence son indignité (46).

ils sont selon les cas des crimes ou des délits (P. 341). On les frappe sous le titre vague de « faits » de la déchéance facultative, échapperont-ils, quand ils seront des crimes, à la déchéance obligatoire ? — Certainement non. Cass. D. 90. 1. 233 cassant c. ass. Drôme, en ce sens . Brueyre. *l. c.*, le rapp. G. Réache J. O. n°. 1081, et de Loynes, sous cass. *l. c.* Contra Nillus [L. 89. Paris, 1891, p. 50].

46. C'est la réforme dont se contentait le projet Voisin en 1875 ; on va plus loin, puisqu'on permet la déchéance totale et que le projet ne demandait que la privation du droit de garde, mais on ne va pas assez loin et l'on est illogique, puisqu'on ne vise que l'envoi en correction de l'art. 66 et non celui de l'art. 67. Est-ce que le manque de discernement de l'enfant est le criterium de sa mauvaise éducation ? — Actuellement le juge est lié, il n'y a que deux applications possibles de cette déchéance facultative : 1) l'envoi en correction d'un enfant met en évidence l'indignité du père : on peut le priver de sa puissance sur tous ses autres enfants ; 2) Il n'y a qu'un seul enfant ; on ne le retient en correction que jusqu'à 20 ans, il reste sous la puissance jusqu'à 21 ans ; on brisera la puissance pour cette dernière année. Le législateur seul peut compléter le texte. Cf. Circ. min. just. 21 sept 1889.

A ces cas nettement formulés, le § 6, de l'art. 2, ajoute une disposition très générale : « en dehors de toute condamnation (47), les père et mère qui par leur ivrognerie habituelle, leur inconduite notoire et scandaleuse ou par de mauvais traitements compromettraient la santé ou la moralité de l'enfant « peuvent être frappés de la déchéance. C'est assimiler et au delà la puissance paternelle à la tutelle (444) (48).

2. — Quelle idée directrice se dégage de ces textes ? — Les faits prévus sont multiples, le remède unique. Il est facultatif ou non ; cela regarde la conscience du juge, le résultat est toujours le même : la déchéance. — Voilà ce qui apparaît ; y a-t-il au-

47. Orl. 12. août 90. Gaz. Pal. 11 av. 91 : le père qui abandonne le domicile conjugal et cesse de s'occuper de ses enfants est déclaré déchu. Sur 166 jugements rendus en 1891, 87 le sont en vertu du § 6. — (Brueyre *l. c*).

47ª. Ce § 6 défie toute tentative de définition générale, englobant les cas de déchéance de la loi. M. Roussel (J. O. janv. 83. doc. p. Sénat 152. sq.) signalait trois caractères devant être réunis selon lui par les faits qui entraînent une déchéance facultative ou non: ils devraient 1° être délictueux ; 2° affecter la personne ou la moralité de l'enfant; 3° comporter une habitude chez le père. — Est-ce que l'inconduite est délictueuse ? est-ce que l'envoi en correction d'un enfant est délictueux ? — C'est être trop cartésien que vouloir supposer de l'ordre ici. Il y a des hypothèses choisies un peu au hasard par le législateur et qu'on doit énumérer ; voilà tout.

tre chose ? Autrement: On veut protéger l'enfant,
cela est certain ; mais comment ? — Est-ce par une
tutelle, un contrôle de l'Etat, ou par une peine qui
frappât le père indigne, coupable ? Ces deux ré-
ponses sont concevables. La question est capitale ;
Il faut savoir si le contrôle de l'Etat sera constant ou
exceptionnel. L'intérêt pratique est considérable :
dans une loi de tutelle, la déchéance est un maximum pour le juge qui peut prendre d'autres mesures ; dans une loi pénale, le droit est strict, le juge
prononcera la déchéance ou ne frappera pas ; c'est
tout ou rien. Examinons.

α'. — On combat l'idée de faute, on soutient l'intervention large des tribunaux. — On se place à
trois points de vue.

1°. — Une déchéance civile n'implique pas (48) ;
donc, le législateur a pu la vouloir ; or son guide est
l'intérêt de l'enfant et quelle solution le protège le
mieux ?,— certainement, celle qui donne au juge les
droits les plus larges, c'est-à-dire celle de la déchéance civile. Ainsi la déchéance est civile, et c'est d'ailleurs l'opinion du rapporteur au Conseil d'État (49).

48. Arg : ce peut-être « non une mesure de répression mais
une nécessité juridique » (Circ. min just. dans. *Fr. jud.* 89.
2. 247.

49. [J. O. 21. 24 av. 89. Ann. 706. sq.] « Le projet est destiné à devenir une des lois protectrices de l'enfance et non une
loi pénale contre les pères indignes ».

2°. — Avec l'idée de faute, pas de demi-mesures, tout ou rien. Or c'est faire de la puissance paternelle un bloc indivisible. Mais cela est inexact ; deux textes le montrent.

1) L'art. 1 *in fine*, maintient, après la déchéance, entre les ascendants déchus et l'enfant, l'obligation alimentaire ; donc certains rapports juridiques peuvent ici subsister seuls.

2) L'art. 20 dit dans le même sens que ceux qui auront recueilli un enfant pourront obtenir sur lui « l'exercice de *tout ou partie* de la puissance paternelle ». Cela est formel. Enfin le rapporteur de la première sous-commission de la Chancellerie a exprimé formellement cet avis [50] et la circulaire du min. just. est dans le même sens [51].

3°. — Lier les mains au juge pour condamner ou absoudre en bloc serait d'ailleurs un singulier oubli de la tradition. Les magistrats ont toujours réglementé l'exercice de la puissance paternelle et cela était légitime car les art. 203, 267, 302 du Code civil, qui autorisent au cas de divorce et de séparation

---

50. « Rien ne s'oppose à ce que l'on soumette ces attributs divers à une sorte de ventilation lorsque la suppression en bloc ne s'impose pas. » (Pradines). Cf. [J. O. d. p. ch. Av. 89. 3ₐ].

51. La puissance paternelle est « *l'ensemble des droits* nécessaire aux parens pour s'acquitter du devoir d'éducation ». — Bourcart si. 91.2.17.

de corps l'intervention des tribunaux, leur en don-
naient le droit (51ª). Or on veut que la loi de 1889
ait fait le vide derrière elle ; a-t-elle pu abroger ces
textes ? — Posons même que cette jurisprudence fut
prétorienne ; à tout le moins, elle protège mieux
l'enfant que la rigueur aveugle qu'on lui prétend
subsister ; car elle est plus souple, elle s'accomode
mieux aux circonstances de fait, ainsi le législateur
n'a pu rompre avec le passé ; on ne l'a dit nulle
part (52) et l'on ne pouvait pas le vouloir.

4º. — La jurisprudence d'ailleurs l'a reconnu. La
cour suprême a posé le principe en affirmant le
caractère civil des déchéances dont s'agit (53) ; après
quelques hésitations, on admet maintenant les
conséquences : le tribunal de la Seine (54), la Cour

51ª. *Sup.* ch. II n. 19. et ch. III n. 21.

52. M. G. Reache, (rapp. à la Ch.) dit que l'on voulait compléter la loi de 1874 et le Code pénal, et l'on ne fit nulle allusion à la jurisprudence antérieure » [Testoud, la loi de 89,
Rev. Crit. 1891,]. Cf. le *Droit* 31 déc. 90, 1. janv. 91.

53. Cass. 23 fév. 91. Si 91, 1. 168. : les pourvois motivés sur
un texte de la L. 89, doivent aller à la chambre civile.

54. 2ᵉ ch. 27 janv. 90. Si 91, 2. 20. « Il est incontesta-
ble que le père et le tuteur peuvent être privés du droit d'administration sur la personne, si l'intérêt de l'enfant l'exige, cet
intérêt étant la principale raison d'être de la puissance paternelle. »

de Paris (54ᵃ), la Cour d'Aix (55) statuent en ce sens.

6') — *que vaut cet argumentation ?*

1°) — On montre que le législateur a *pu* et *dû* vouloir une déchéance civile. La question est autre, plus simple, l'a-t-il voulue ? — Or le texte dit non, car une déchéance qui s'attache *ipso jure* à une condamnation ou qu'on prononce facultativement comme une peine accessoire n'est pas un dessaisissement civil. Comment d'ailleurs les tribunaux répressifs seraient-ils compétens pour statuer sur un tel dessaisissement facultatif ? — Or ils le sont pour les déchéances de l'art. 2 §§ 1-4. (a, 9.).

Ainsi la preuve n'est pas faite.

En revanche, on peut la faire de l'autre côté.

La peine en notre droit qualifie le fait et non réciproquement (55ᵃ) ; or la déchéance était une

---

54ᵃ. 3ᵉ ch, 24 juin 92, conf. Seine, 22. J. 92. D. 93, 2. 81.. « Les tribunaux sont investis d'un pouvoir de contrôle sur l'exercice de la puissance, lorsqu'il y a lieu de régler les rapports de l'enfant avec ses ascendans, mais il ne peuvent enlever au père la garde de l'enfant, si l'intérêt de celui-ci n'est pas en péril et s'il n'existe pas des motifs exceptionnels et suffisamment graves pour faire déchoir le père *et restreindre l'exercice* »

55. Si 91, 2. 25. « On peut confier momentanément la garde de l'enfant aux grands parens. ».

55ᵃ. A. 1 C. inst. crim.

peine dans 335 P. (56) ; a-t-elle changé de caractère ?
— On ne nous le dit pas. On nous dit même le
contraire, car l'idée de faute est le contrepied du
projet Roussel sur lequel la commission de la
chancellerie fit prévaloir, par des raisons de logique,
une théorie inverse, celle de la déchéance pénale (57).
Enfin le texte du rapport au conseil d'Etat est en ce
sens si on le prend tout entier (58) puisqu'il compare
la déchéance à la dégradation civique.

On objecte l'intention large des promoteurs de la
réforme trahie en quelque façon. Le reproche
s'adresse à l'excès de logique qui prévalut à la
chancellerie ; on ne le conteste pas. Il s'agit seulement de savoir si l'idée directrice est celle de faute

---

56. Cf. C. P. néerlandais de 1881, a. 28. Notre déchéance
figure au § 5, tit. II, *des peines*, entre la privation du droit d'être
tuteur et celle de l'exercice de certaines professions.

57. *Sup.* n. 42, et Brueyre, *l. c.* p. 16.

58. M. C. Geneuil explique que la loi n'est pas absolument
pénale ; c'est à cause que la déchéance intervient comme con·
séquence de l'inexécution d'une obligation civile, le devoir
d'éducation de l'art 203 civ. ; il n'empêche que la déchéance
est une privation absolue de droits analogue à la dégradation
civique. — En ce sens, M. Duverger disait : « Basée sur le sys·
tème de la déchéance, la loi est nécessairement pénale. »
Brueyre, *l. c.*), et G. Reache, dans si, L. A. 773, sq. sous 2,
L. 24 juillet 89, « tous les cas de l'art. 2, *impliquent une per-
versité chez les parens* qui les rend dangereux, etc,.. »

ou de tutelle or le texte et les travaux préparatoires sont favorables à la première hypothèse.

2°) — Reste l'application ; on dit que la déchéance n'est qu'un maximum, qu'autrement les droits paternels formeraient un bloc indivisible, ce qui n'est pas.

Il y a deux questions : un faisceau est-il indivisible en droit, est-il divisé en fait ? — La première ne préjuge pas la seconde. L'argument serait un cercle. Posons donc que l'art. 1 et l'art. 20 eussent effectué la division au regard de l'obligation alimentaire et de l'attribution d'exercice de la puissance au tiers charitable qui a recueilli l'enfant; cette division vaut-elle au regard de la déchéance totale? Cela est une induction. — Mais cette division est-elle effectuée? Cela même est douteux. — 1). L'obligation alimentaire de l'art. 205 n'est pas un des droits dont le faisceau est la puissance ; cela reviendrait à donner cette puissance à la belle-mère sur le gendre (206). — 2). L'arg. de l'art. 20 est contre ceux qui l'invoquent : le législateur se refuse si bien aux déchéances partielles, qu'il spécifie, en cette hypothèse, que la puissance paternelle sera anéantie tout entière et que l'assistance publique sera investie des droits que le requérant n'aura pas.

La puissance est scindée en un seul cas, lorsque le père, par un contrat judiciaire, se dessaisit lui-même (a. 17) d'une partie de ses droits et alors l'idée de faute est écartée.

3°) — On objecte enfin la jurisprudence antérieure. La loi de 89 n'a *pu* rompre avec elle parce qu'elle était bien fondée ; elle n'a pas *dû* le faire parce que ce serait un recul.

La question est autre ; a-t-elle consacré oui ou non cette jurisprudence ?

Acceptons cependant ce débat.

1) — Le législateur *pouvait-il* abandonner cette jurisprudence ? Pourquoi non ? — Elle était prétorienne, la pratique judiciaire passait à côté de la loi comme la pratique administrative, on le reconnaît aujourd'hui (59).

2) — L'a-t-il abandonnée ? L'effort de la discussion doit porter sur ce point.

Mais d'abord, à qui incombe le fardeau de la preuve et que signifie le silence du texte ? — La doctrine des arrêts était contestée en 1889 puisque des jurisconsultes comme Laurent la répudient et qu'il y avait des arrêts divergents (60) ; comment

59. Poitiers, 21 juill. 90. D. 91, 2. 73. « Jusqu'ici il est vrai, la loi faisant défaut, *les tribunaux s'étaient arrogé le droit* nécessaire d'enlever aux pères et mères les attributs de la puissance... » Cf. St. Quentin, 27 déc. 89. : « la loi de 89.. a fait disparaître des distinctions *que les tribunaux avaient arbitrairement créées* ». *Sup.* ch. II, n. 20.

60. *Sup.* ch. III, n. 28.

le législateur l'aurait-il maintenue par son silence ?
singulière interprétation d'un texte qui exclut, pour
n'admettre que la simple déchéance, tout contrôle,
toute intervention partielle du magistrat.

Au fond, la loi n'a pas consacré la jurisprudence
antérieure, le texte et les travaux préparatoires
l'établissent.

α") Le texte, car le § 6 a 2 frappe d'une déchéance totale le père d'une inconduite notoire ; or
la jurisprudence le privait seulement de la garde ;
solutions incompatibles — Dira-t-on que le plus
emporte le moins ? Non, l'art. 1 porte que le père sera
déchu « de la puissance paternelle, *ensemble de tous
les droits qui s'y rattachent* » et qu'il énumère. Or
l'art. 2 rappelle que ce sont « ces mêmes droits »
qu'atteint la déchéance facultative. Ainsi le moyen
manque ; ce texte répudie la doctrine des arrêts.

6") Les travaux préparatoires font de même : La
commission de la chancellerie préférait la déchéance
partielle (62). ; le Conseil d'État n'admit pas cette

61. Art. 2. proj : « peuvent être déclarés déchus de *tout ou
partie* des mêmes droits.. »

62. Rapp. c. Seneuil. J. O. Ann. Ch. sess. extr. 88. n° 3389
p. 725. « le Conseil n'a pas admis qu'un enfant pût être utilement soumis à deux puissances rivales, celle du père et celle
du tuteur, ni que la première pût intervenir dans les actes de
l'autre.. *Il faut que l'autorité du père soit tout entière ou ne soit
pas.* » : C'est le même point de vue qui défend de renouveler

réserve (62). Quest-ce à dire ? Peut-être est-ce là l'o-
pinion d'un rapporteur ou du conseil, non du législateur ? — Le 25 mai 1889, M. Boreau-Lajanadie re-
prit dans un amendement la réserve de la commission et cet amendement fut rejeté (63). On conçoit
difficilement une preuve plus décisive (64).

4°. — Une jurisprudence très fortement motivée
consacre ces solutions ; les cours de Poitiers (65) d'A-
gen (66), plusieurs tribunaux (67) se prononcent nettement contre le pouvoir large du magistrat (68).

---

avant un certain délai une demande rejetée de restitution de
la puissance ; on veut que la situation de l'enfant soit très nette
et stable. — En ce sens Brueyre. *l. c.* 19 : « il a été décidé que
la déchéance serait absolue et s'étendrait sans exception à
tous les droits... Pour bien marquer sa volonté, le législateur
a énuméré avec soin dans l'a. 1, etc... »

63. Si L. A. 773. sq.

64. On ne voit pas comment M. Charmont (Rev. crit. 1891.
p. 501 sq.) peut soutenir que le législateur a pu être déterminé dans le sens des rapporteurs par d'autres raisons, notamment en considérant que le maintien de la jurisprudence
antérieure fût une garantie suffisante.

65. 21 juillet 90. D. 91. 2. 73. « il est certain que la loi de
89 est introductive d'un droit nouveau,... elle dénie et retire
au juge le droit de toucher à l'exercice de la puissance paternelle pour seulement le restreindre et le modifier.. »

66. 6 nov. 89. D. 90. 2. 25.

67. Toulouse, 3 juill. 90. Saint Quentin 27. déc. 89, etc..

68. L'opinion adverse ne saurait s'appuyer sur l'autorité de
la Cour suprême (*sup.* n. 53), la solution sur la compétence

Une conclusion ressort de ce débat : l'idée de faute paternelle domine, non pas celle d'une tutelle de la puissance publique ; le législateur de 1889 a institué pour protéger l'enfant un contrôle judiciaire répressif. On le protège en frappant le père d'une déchéance totale, remède énergique pour des abus bien définis, limitativement énumérés. L'Etat intervient quand il le faut et seulement alors.

Une double règle pratique s'ensuit :

1°) La déchéance sera prononcée absolument, elle embrassera tous les droits qui composent la puissance paternelle ; il sont énumérés à l'art. 1. ;

2°) Elle ne sera prononcée qu'en un cas et dans les formes visé par le texte.

Le juge frappera ainsi ou ne frappera pas ; c'est tout ou rien.

3. — *Autres applications de l'idée directrice.*

Ainsi, l'on part d'une idée de faute, la loi est pénale. Cette idée directrice domine tout le détail des textes : la loi est sévère (26), sa sphère d'appli-

---

pour le pourvoi ne touche pas à la question ; il est de principe que la juridiction d'appel est qualifiée non par la nature de l'affaire mais par la première juridiction saisie ; or dans l'espèce de l'arrêt de 91, la décision attaquée émanait d'un tribunal civil.

69. On a dit qu'elle était dure, M. Boreau-Lajanadie (25 mai 89) le montre par l'exemple d'un père condamné à 16 fr. d'amende pour avoir corrigé trop vivement un de ses enfants

cation limitée strictement ; cela apparaît à trois points de vue.

α') La déchéance encourue l'est à l'égard de tous les enfants nés où à naître (70), mineurs ou non (71). Cela est logique ; une peine est encourue ou ne l'est pas, il n'y a pas de milieu.

6') L'autorité paternelle est commune aux deux parents comme le devoir d'éducation ; ainsi lorsque le père y manque gravement, une présomption de complicité existe contre la mère, la déchéance rejaillit donc sur elle. Que si la preuve contraire était cependant rapportée, le tribunal lui pourrait seulement accorder exceptionnellement l'exercice de la puissance paternelle.

Une considération s'ajoute : la puissance maritale rendrait inutile la déchéance qui ne frapperait que le père ; il suit que la seconde femme d'un père déchu qui se remarie, est elle même déchue

et qui récidive ; la déchéance est obligatoire. — Le résultat sera une discrétion excessive dans les poursuites ; la circul. ministérielle la recommande et M. Courcelle Seneuil l'indiquait déjà. (Si. L. A. 773.)

70. Le texte ne distingue pas — Un amendement Boreau-Lajanadie repoussé (25 mai 89. J. O. 26 mai. d. p. 1122) ne laisse aucun doute.

71. La question se pose sur le consentement au mariage, puisque la majorité de 21 ans n'est pas émancipatrice en cette matière.

ipso jure. Elle a seulement le droit, au cas de surve-
nance denfants de demander au tribunal l'attribution sur eux de la puissance (72) paternelle. Cette
rigueur de déduction a paru excessive à quelques-
uns (72) ; au moins est-elle logique.

γ'. — La même idée rend compte de la procédure
adoptée. L'étendue d'application d'une peine est en
raison inverse de sa gravité ; le droit d'intenter l'action en déchéance n'appartient donc (a. 3) qu'aux
parents du mineur au degré de cousin germain ou
d'un degré plus rapproché et au ministère public.

D'autres mesures réglementaires, une forme spéciale d'instruction, où le ministère public lui-même
doit introduire l'action par voie de mémoire au président du tribunal, empêcheront qu'une action in-

72. La déchéance qui frappe la femme ne vise que les enfants à naitre du mariage avec le père déchu. Lallemand.
(hist des enf. abandonnées p. 381.) délare que la déchéance
de la mère est « absolument monstrueuse » M. de la Batie re-
produisit l'objection (25 mai 89) M. G. Réache. (25 mai. J. O.
26. d. p. 1125. sq.) répondit que la mère avait la ressource
de demander la puissance paternelle au tribunal.

Le projet allemand laisse à la mère la garde (a 1506) *inf.*
ch. IV. p. 238 n. 35. Le projet belge, déposé par M. Lejeune le
10 août 1889. (Bull. soc. gen. pris 92. 451.) donne seulement
(a. 9) au tribunal le droit de décider que la mère n'exercera
pas la puissance ; on peut de même la *retirer* à la femme du
père déchu. C'est exactement l'inverse du système français.

discrète ne trouble les familles. On procède d'ailleurs comme pour une interdiction judiciaire (73), la chambre du conseil examine l'affaire et le jugement seul est rendu en audience publique. Les délais d'opposition sont fort abrégés (74), celui d'appel est réduit à dix jours, de façon qu'il se peut faire que le père soit déchu sans en être averti. « Il aurait toujours à se reprocher l'abandon de son enfant, » répond le rapporteur : l'idée de faute apparaît ici encore.

6. — *Dessaisissement.*

Il y a un second côté de la question. Le père peut n'être pas coupable, mais 1) inconnu, 2) malheureux. Ici la loi n'est plus pénale ; elle devient franchement hospitalière, la réglementation très simple.

1) Un enfant mendie, vagabonde ; on ne connaît pas ses parents (a. 19) ; l'assistance publique ou un établissement privé le recueillent. Il faut les protéger contre le retour d'une puissance paternelle, qui ressuscite à l'heure des trafics inavouables : une déclaration faite dans les trois jours au commissaire de police qui la notifie, si cela est pos-

---

73. Par exception, la convocation du conseil de famille est facultative ; il présenterait peu de garanties. (J. O. d. p. 1125 et 619).

74. 8 jours au moins à partir de la signification, à personne ou à domicile.

sible aux parents est le point de départ d'un délai
de trois mois au terme duquel l'établissement ou le
particulier gardien peut demander au tribunal de
lui confier l'exercice des droits paternels, et celui-ci
confère (75) à l'assistance publique les droits que
les parens négligent d'exercer.

2) Les parents se reconnaissent eux-mêmes hors
d'état de remplir leur devoir d'éducation ; ils font
appel à la charité publique ou privée qui recueille
le mineur (76) : à la requête des parties intéres-
sées, le tribunal délègue (76ᵃ) alors à l'assistance
publique tout ou partie des droits paternels. L'i-
dée de faute est écartée, le père peut retenir certains
droits par devers lui (77).

75. Il semble que cette décision s'impose à lui : on déclare
aux trav. prép. que c'est là le simple entérinement d'une cons-
tatation matérielle : la déclaration faite et le délai expiré.
(Brueyre, *l. c.* 42. 43). *Contrà* Nillus, 123.

76. Le mineur de 16 ans, dit l'art. 17. Peut-on former la
demande de dessaisissement après la majorité de 16 ans d'un
enfant qu'on a recueilli mineur de 16 ans ? L'affirmative semble résulter du texte qui parle de « mineurs de 16 ans... *confiés* ». *contrà* trib. Seine, 9 juill. 90.

76ᵃ La forme du dessaisissement judiciaire tourne l'impossibilité de contracter sur la puissance paternelle ; la commission de la chancellerie se contentait de faire homologuer le
contrat pas le juge de paix.

77. Par exception, on craint que le consentement au mariage ne soit l'occasion d'excès de pouvoir ; pour la première

γ. — *Restitution de la puissance paternelle.*

Un point reste à régler. Le père indigne peut s'a-
mender, l'inconnu reparaître ; celui qui a dû se dessaisir se trouver en état de remplir ses devoirs ; il
faut leur permettre de recourer les droits perdus.

Le premier a commis une faute, les deux derniers
sont innocents ; on distingue les deux hypothèses.

1). — Au cas d'indignité manifestée par une condamnation encourue, la réhabilitation qui efface la
condamnation effacera-t-elle de plein droit la déchéance (78) ? — Cette solution serait inconcevable
dans l'hypothèse de l'inconduite notoire. L'antithèse
parut choquante : une sentence spéciale sera toujours
nécessaire (79) ; on remplace, lorsque la déchéance
a été prononcée pour inconduite notoire, la réha-

fois depuis les *Leges Juliæ* le pouvoir judiciaire intervient dans
son exercice : le tribunal saisi par l'assistance publique pourra
consentir au lieu et place des parents (a. 17).

78. C'était la solution de la commission de la Chancellerie.

79. C'est suivre la tradition romaine. (*sup.* p. 103 n. 228) et
celle de l'ancien droit (*sup.* p. 148. n. 83). Même procédure
que pour l'action en déchéance (16) avec une double différence : 1) l'enquête du parquet n'est pas nécessaire. arg : 16.
1° ne renvoie pas à 4. 1° ; 2) l'avis du conseil de famille est
obligatoire. S'agit-il de celui qui est en exercice, c. a. d. la commission administrative de l'hospice où est l'enfant ? Ce doit
être plutôt celui de civ. 407 puisqu'on cherche des renseigne-
ments sur la moralité du requérant. De plus, il doit s'agir du
conseil mentionné dans l'art. 4, puisqu'on renvoie à ce texte.

bilitation par l'expiration d'un délai de trois ans.
On ne veut pas d'ailleurs que l'éventualité de ces
demandes de restitution rendît instable la situation
de l'enfant, ainsi une seule tentative épuisera le
droit (80). — Une exception est écrite au profit de
la mère dont la demande a été rejetée. Elle peut la
renouveler après la dissolution du mariage ; peut-
être en effet que la première n'a été repoussée que
par défiance pour le père.

2). — Le père dessaisi peut, lui aussi, et à plus forte
raison recouvrer son autorité. L'idée de faute disparue, plus de réhabilition, plus de temps d'épreuve ;
les parents peuvent à toute époque, demander que
l'enfant leur fût rendu ; on veut encore d'ailleurs
garantir la stabilité de son état : la demande rejetée ne sera pas renouvelée avant trois ans.

B. — *La question de fait.*

Le problème de la protection de l'enfance est ré-
solu en droit : une idée générale domine cette solution : l'intervention de la puissance publique est exceptionnelle, grand remède à de grands maux, déchéance qui frappe un indigne, une peine, non une
tutelle. — La question a un second aspect : quelle

80. Le droit commun de la réhabilitation imposerait seulement un délai de 2 ans. 629. I. C.

autorité remplacera le père, quel milieu la famille?

` Il y a une solution parallèle, symétrique : à un contrôle de tous les instants, collaboration du père et de l'Etat, correspondrait une organisation décentralisée, partout présente, constituée sur place : à une intervention exceptionnelle, une tutelle unique, fortement centralisée.

La logique indiquait cette seconde solution ; on la choisit (81), un peu pour la logique, (82) et surtout parce qu'une simple référence aux lois de pluviôse an XIII et du 10 janvier 1849 plaçait alors le moralement abandonné dans le cadre tout fait des services des assistés.

Mais cette centralisation sera-t-elle absolue, l'assistance publique exclura-t-elle le concours des établissements privés ? — La négative compromettrait l'intérêt de l'enfant : il y a des établissements charitables qui sont des maisons de commerce ; on ajou-

81. On proposa la décentralisation, on citait l'exemple de nations voisines (*inf.* ch. IV. n). On répondait par l'exemple malheureux de la loi française du 27 frimaire an V. (Gallis *l. c.* I. II. 1605. b.) qui plaçait les abandonnés sous la tutelle du président de l'administration municipale du lieu, ce qui n'empêchait pas M. Gonse, reprenant une idée de Jules Favre, de demander une tutelle cantonale « avec le concours des notables ».

82. M. C. Seneuil dit que la tutelle cantonale « était contraire à nos mœurs ».

tait : ils sont presque tous congréganistes et l'instruction doit être laïque. Cela fut décisif. — On ne peut répudier cependant le secours de la charité privée, cela est certain ; la tutelle centralisée de l'assistance publique 'est d'ailleurs bien loin des pupilles (83). On prit donc un parti intermédiaire. L'Assistance publique a en droit le monopole des tutelles sur les moralement abandonnés ; on les assimile aux abandonnés (84) ; — en fait la collaboration de la charité privée est possible, on la sollicite même.

On fait deux hypothèses :

1). — Le père est déchu. On suppose que la puissance paternelle n'est pas attribuée à la mère et que la constitution d'une tutelle de droit commun est impossible (le tribunal l'examinera), alors, et de plein droit, (85) la tutelle est dévolue à l'administra-

83. Le Conseil d'Etat voulait donner l'option aux tribunaux. — On ajoutait en faveur des établissements privés que l'éducation donnée par l'assistance publique « est rigide, sèche et coûteuse ».

84. Assimilation complète à Paris : le directeur de l'assistance publique est leur tuteur commun. Le tuteur sera en province l'inspecteur des enfants assistés du département (a. 11. 24.), celui de l'abandonné de pluviôse an XIII est un des membres de la commission administrative de l'hospice qui recueille.

85. (a. 11). Ainsi, 1) si le tribunal omet de statuer sur ce point, la tutelle existe cependant ; 2) elle est obligatoire pour l'administration. — Il suit encore que les tribunaux répressifs

tion. — Le principe est respecté ; cependant deux moyens d'action sont donnés à la charité privée.

α'. — Le tribunal peut, tout en attribuant la tutelle à l'Assistance, remettre l'enfant à un établissement privé, sous réserve de tutelle ; on impose seulement aux associations de bienfaisance la nécessité d'une autorisation ministérielle spéciale, à l'effet de constater qu'elles présentent les garanties nécessaires (85ª) ; alors l'assistance conserve toujours le droit de rependre le pupille si elle le juge convenable. L'intérêt du mineur, la stabilité de sa situation ne seront pas compromis car ce déplacement grèverait le budget ; c'est la meilleure garantie. L'administration peut d'ailleurs et sous réserve de tutelle placer elle-même l'enfant où bon lui semblerait.

ont compétence pour constituer la tutelle (question posée par M. Flandin. *bull. soc. gén. pris.* 91. n° 4. — En ce sens Brueyre. *l. c.* et une note formelle du ministère : *bull. min. just.* 90. 307). Des cours d'assises ont déjà statué, Nièvre, 12 mai 91.—Laon. 4. nov. 90 ; d'autres tribunaux l'ont omis. (rapp. du direct. Assist. publ. de 1891. p. 7.) alors l'assistance publique aura cependant la tutelle en vertu de l'art. 11.

85ª C'est la transaction proposée au conseil supérieur de l'assistance publique par M. Laffon, entre le système de la centralisation absolue et celui de l'option permise aux tribunaux, entre la charité publique ou privée que soutenait le conseil d'Etat.

6'. — Au cours de l'instance en déchéance, un tiers se présente, il offre ses services pour élever l'enfant, ou bien l'assistance publique, usant de son droit de placement, a, depuis la déchéance, confié pendant plus de trois ans l'enfant à un particulier : en ces deux hypothèses une tutelle officieuse est possible. Le législateur la facilite. Les conditions d'âge sont supprimées, elle n'est plus nécessairement un préliminaire de l'adoption, elle ne confère au pupille aucun droit sur les biens du tuteur. — Est-à-ce dire que la charitée privée supplante ici l'Etat ? — Non, le droit éminent de l'assistance publique subsiste (a.23) sous forme de droit de contrôle préventif et de haute surveillance (86).

2). Le père n'est pas déchu, mais seulement dessaisi de tout ou partie de ses droits. Le principe de la centralisation est respecté, mais la puissance paternelle est décomposée pour ainsi parler, en un domaine direct que l'on réserve à l'état et un domaine utile dont peuvent être investis des particuliers ; et cette distinction ne demeure pas une abstraction : le domaine utile tend à se réunir au domaine direct ; cela signifie que l'assistance publique a sur les établissements privés qui ont l'exercice des

---

86. En ce sens circ. min. just. 16 août 89. Le préfet du département peut, si le tuteur officieux compromet les intérêts de l'enfant, se pourvoir devant le tribunal civil pour voir dire que tous les droits seront confiés à l'assistance.

droits paternels un droit de contrôle et de surveillance constante. — C'est ici le tribunal lui-même
qui a investi l'établissement privé de l'exercice de
tout ou partie de la puissance, il n'empêche que
l'assistance publique garde le droit, au cas d'abus, de
provoquer une décision nouvelle qui le lui attribue.

3). Restait à statuer sur un point de fait. Toute loi
hospitalière suscite des spéculations sans scrupule :
si la déchéance dispense de l'obligation de subvenir
à l'entretien de l'enfant, on la recherchera, on l'obtiendra par dol. Les art. 12, 16, 43, 21 24, proclament la survivance du devoir au droit. En pronon-
çant sur la tutelle, le tribunal fixe le montant de la
pension à payer par les parents ; leur indigence manifeste les en dispensera seule (87).

87. Cela est anormal : l'insolvabilité influe sur l'exécution, non
sur l'existence de la dette. D'autres nations sont moins bienveil-
lantes (*inf.* ch. IV. p. 239, n. 41). M. Bourcart (De l'autorité paternelle, 1891 p. 15 reproche au législateur cette disposition.
Au congrès international de la protection de l'enfance, (compte
rendu Bonjean. Paris 1885. t. I. p. 118. 120). MM. Cercueil et
Sedley Taylor demandent que le devoir paternel ne disparaisse
jamais et qu'on le garantisse par la déchéance éventuelle des
droits de citoyen. C'est beaucoup de sévérité ; peut-être que
l'enfant a des biens personnels, or on retire au père la jouissance légale. En fait, on n'abuse même pas du dessaisissement
de l'art. 17, d'abord parce qu'il faut rencontrer un tiers éduca-
teur, et puis parceque le tribunal examine le fond avant d'é-
xonérer le père de la dette alimentaire. Plus de rigueur serait·

CHAPITRE IV.

Conclusion.

Ainsi est résolue, en fait et en droit, la question des limites de la puissance paternelle. Une idée directrice a guidé le législateur : l'intervention de l'Etat exceptionnelle, attendant pour frapper l'abus et l'indignité nettement définis. On en a tiré deux conséquences : le point de vue pénal de la déchéance totale qui brise et ne réglemente pas, celui de la centralisation des tutelles aux mains de l'Etat.

L'œuvre du législateur est connue. — On cherche maintenant : I) sa valeur a) pratique et b) théorique ; II) on demande si la question à laquelle elle répond est résolue définitivement, ou si du passé à l'avenir quelque induction est vraisemblable.

elle utile ? — M. Brueyre ne le pense pas ; il cite l'exemple de la Direction municipale des nourrices, qui date de Jean le Bon, qui a pour ses recouvrements le droit de contrainte par corps, qui n'a pas affaire à des parens dépravés, et qui depuis le temps qu'elle existe n'a jamais pu couvrir ses frais. Nous comprenons mal la charité procédant par voie de saisie exécution, ou hésitant à sauver un enfant de peur de soulager un indigent.

§ I.

A). — Chercher la valeur pratique d'une réforme, c'est chercher si on l'applique.

a). — Les débuts de toute loi nouvelle déroutent la pratique ; il n'est pas étonnant que dans les trois derniers mois de l'année 1889 les applications de notre loi fussent très rares (1). Mais la progression est au moins très lente :

En 1890 et 1891 encore, on relève fort peu d'application (2). C'est seulement, selon M. Brueyre, vers

1. Rapports au présid. Rép. [J. O. 6 mai 1893] : au 31 déc. 89, les cours d'assises ont prononcé 16 déchéances, les trib. correct. 13. Les trib. civ. saisis de 13 demandes [4 en vertu de 1 et 2 §§ 1-4. L. 24 juill. 89 ; 1. sur 2 § 5 ; 8 sur 2 § 6] en ont admis 13 confiant la tutelle 6 fois à la mère, 1 fois à un tiers, 3 fois à l'assistance. — A Paris le rapp. du Direct. de l'assist. publ. au préfet pour 1889 relève 8 jugt. constate la timidité du ministère public : on signale 13 cas pour obtenir 6 condamnations [Rapp. 90 p, 30]. Cf. Charmont Rev. crit. 91 p. 501.

2. En 1890 à Paris, 16 déch, 27 dessais. avec intervention de parens, 28 sans interv. la prefecture de police ne se prévaut pas de l'art. 2, § 3 (Rapp. 90, p. 30). En 1891 la loi est si peu connue que, à propos de faits du 9 décembre, [Leloir. fr. jud. mai 92] MM. Engerand et Leydet déposent le 17 une proposition de loi, privant le père qui exerce des violences sur son enfant de la puissance paternelle, comme si le § 6 art. 2 n'exis-

la fin de 1891 que la loi semble sortir de la période des tâtonnement et encore avec une extrême timidité. En 1892, le rapport de M. Berry au conseil municipal (3) ne parle pas d'une diminution dans le nombre des moralements abandonnés. Les chiffres du rapport du directeur de l'assistance publique sont dans le même sens (4). — Il est certain que l'on met dans les poursuites une très grande discrétion.

b). Le rapport de M. Berry signale un second fait : un antagonisme existe entre les œuvres privées et l'assistance publique. A la fin de 1891, M. Brueyre insistait aussi sur le très petit nombre d'autorisations ministérielles sollicitées, aux termes de l'art. 17, par des établissements privés ; c'est seulement à la date du 1er avril 1892 à Paris que l'on applique pour la première fois les art. 17 et 19 à la requête d'une société privée (5).

tait pas ; à la fin de 91 M. Brueyre évalue le nombre des jugemens rendus à quelques centaines, or il y aurait selon lui diminuant les chiffres de M. Bonjean) 40,000 moralement abandonnés dont on peut « drainer » les trois quarts ; il y en aurait pour Paris 15.000. or on a rendu 61 jugemens en 1890.

3. 20 mai 1892 « il faut lutter contre l'exploitation *croissante* de l'enfant.. » Dans les dix dernières années les agens ont arrêté « 18.000 enfants lancés sur la vie publique... on peut affirmer « que, pendant ces dix années, le chiffre réel s'est élevé à 30 » ou 40.000 ».

4. Rapp. 92. p. 7.

5. G. Pal. (feuille) 1. av. 92. — « l'Union française pour le

Ainsi les résultats pratiques seraient insuffisants ; Il est vrai que trois années sont un temps d'épreuve trop bref, l'observation peut être incomplète, hâtive. Cet état de fait n'a une valeur que s'il a sa cause dans la loi même, non dans les hésitations de la pratique.

B). Cela est une recherche théorique. Or faut-il se demander *a priori* si le système de 1889 est satisfaisant ? — Cela est concevable, peut-être possible, seulement les vérités à entendre requièrent une analyse infinie ; les regarder par le dehors est plus scientifique. Qu'est-ce à dire ? — 1) Il faut chercher quelles autres solutions sont données à notre question par des droits positifs, formés sous d'autres influences ; alors d'autres points de vue, des comparaisons surgissent ; 2) quelque traits généraux peuvent suggérer une induction vraisemblable, sinon rendre compte de tous les faits.

a). — La question des limites de la puissance paternelle se pose dans l'Europe moderne en droit et en fait. Il y a trois groupes de solutions. 1) On suit la tradition romaine et l'autorité paternelle a de la force, 2) ou bien l'on suit la tradition germanique et l'on protège largement l'enfant ; 3) on adopte aussi

sauvetage de l'enfance ». — Dès le 2 avril 91. le trib de Dinan confiait à la même société l'exercice des droits paternels sur l'enfant d'un père aveugle.

un système transactionnel. — Le Brésil représente la première tendance ; la seconde l'est par la
Suisse, l'Angleterre, l'Allemagne, les Etats-Unis,
l'Ecosse, la Norwège, le Danemark, la Suède ; l'I-
talie, les Pays-Bas, l'Espagne. le Portugal occupent
une situation moyenne.

L'investigation peut être très longue ou rapide ;
développée si on rassemble sous les faits intéressants,
sauf à réunir ceux qui mettront en lumière un principe unique, rapide si l'on ne prend que l'essentiel
et si on fait le choix d'avance. Le second procédé
suffit ici puisqu'on ne cherche qu'une comparaison.

1. — On néglige ainsi le premier groupe (6) : le droit
brésilien garde les principes romains ; il cherche
encore à rendre par des expédients, la majorité
émancipatrice. Il représente très exactement l'état
de notre ancien droit au XVIIe siècle.— Il s'agit ici
de la loi de 89. Il n'y a rien de commun. A quoi bon
regarder derrière nous ?

2. — En revanche, et s'il y a de par le monde une
évolution vers la protection large de l'enfance, le
groupe germanique est devant nous et la question

6. On avait rassemblé ces solutions ; la publication du
compte rendu de la session extraordinaire 1889 de la soc. leg.
comp ôte à ces renseignemens une grande partie de leur intérêt.
Il n'y a qu'à renvoyer à l'étude remarquable du baron d'Ou-
rèm (*l. c.* 130 sq).

est de savoir si nous le suivrons, le groupe intermédiaire est à peu près à notre niveau et il s'agit de dire si nous le dépasserons.

On s'attache dans le groupe germanique à trois exemples (7) : α') la Suisse, ϐ), l'Allemagne, γ) l'Angleterre.

α. Suisse.

La matière n'est pas fédérale (8), mais les mêmes principes dominent ici les législations cantonales. La commune Suisse est une autorité tutélaire, contrôle (9) placé près du père, toujours prêt à le suppléer, trace, dit-on (10) de quelque communisme très ancien.

7. On ne dit rien pour les raisons énoncées (n. 6) du Danemark. (*l. c.* 210), de la Suède, (*l. c.* 187), de l'Autriche-Hongrie, (*l. c.* 111), des pays slaves du sud (187), on ajouterait seulement à l'étude de M. d'Olivecrona quelques développements sur la Serbie et le régime de la zadruga [Cf. le droit coutumier des slaves méridionaux d'après les recherches de M. Bogisic par Fedor Demelic, Paris. Thorin 1877.], et sur le Monténegro où se maintient, comme en les coutumes germaniques, l'appréciation de fait de la capacité de l'enfant qui se suffit à lui-même, où contre le père qui corrompt l'enfant ou le néglige plainte peut être portée par un membre quelconque de la zadruga. — Ce sont là des détails.

8. Les art. 53, 54, 64 Const. 1874, ne la visent pas.

9. Judiciaire ou même administratif. Cf. la carte dans Lardy. Traité des législ. civ. Suisses.

10. Gaulis. soc. lég. C. *l. c.* 234.

La Suisse française et allemande déduisent seulement de l'idée générale des conséquences un peu différentes. On les peut caractériser dans les législations de Neufchâtel et de Zurich.

1) Le canton français de Neufchâtel confie l'autorité tutélaire à la justice de paix du cercle (11); l'indignité du père entraîne sa déchéance; il suffit d'un avis défavorable de l'autorité tutélaire pour que la dégradation civique encourue par lui, l'empêche d'être tuteur de ses enfants. — La loi du 23 mars 1889 (12), étend ces garanties. — 1°) L'enfant matériellement abandonné est recueilli par la préfecture, remis à l'autorité communale, à un tiers ou à un établissement de bienfaisance; que si le père se présente, l'enfant ne lui sera rendu par l'autorité tutélaire que s'il démontre que les causes qui ont motivé l'abandon étaient involontaires et qu'elles ont cessé. — 2°) L'enfant est-il seulement sans surveillance, le père d'une inconduite notoire ou déjà condamné; la commune est tenue d'intervenir pour faire priver le père soit des droits de garde et de tu-

---

11. L. 1. mars 1854, 30 avril 1855. — Cette autorité est sous le contrôle de la direction de la justice, ses décisions at taquables devant le tribunal d'appel ou de cassation.

12. A. L. E. 89. 694. Sur l'assistance publique et la protection de l'enfance malheureuse.

telle, soit de tous ses droits (13). L'autorité tutélaire décide alors à qui sera confié l'enfant.

La mère, un parent, le conseil communal, la commission scolaire, un établissement public de charité, le ministère public, ont ici qualité pour saisir l'autorité compétente (14). — C'est le contrepied de notre loi de 1889 : réglementation et largeur d'application d'un côté, déchéance pénale sévère et étroite de l'autre.

2). — Le Code de Zurich (15) pose des principes analogues. L'autorité tutélaire (a. 765) est la municipalité de la commune, subordonnée hiérarchiquement au conseil de district et au conseil éxécutif (772). D'office ou sur requête (663), dès que l'intérêt de l'enfant paraît compromis, elle intervient, elle prend

13. Déchéance totale, (60. 80), dans les cas correspondants à l'art. 1, L. 24 juill. 89.

14. A Neufchâtel encore, la loi du 27 avril 1889, a. 41-52, sur l'enseignement obligatoire, frappe d'amendes le père dont l'enfant est absent sans raison. Mêmes principes dans le canton de Vaud, (Code Civil, Bippert et Barnand, Lausanne 1885.) ; il semble cependant que le contrôle de la mère remplace pendant le mariage celui de la commune. (Pradines, *b. s. l. c.* IV, 140.) ; hors de là l'autorité tutélaire, [Waisenamt, préfet, Conseil d'Etat] prend *toutes les mesures qu'elle croit convenables*. — La déchéance peut être en outre prononcée comme une peine à vie ou à temps, (aux cas de notre art. 1, L. 89.).

15. 1887. Il sert de base, dit M. Lehr, (Trad. fr. 1890, introd.) à la législation des cantons voisins.

toutes les mesures nécessaires. Ainsi l'autorité paternelle est une tutelle (16) destinée à assurer l'éducation et le développement de l'enfant (17); le père
qui en userait autrement sera cité devant l'autorité
tutélaire (18) et si ses explications ne sont pas jugées
satisfaisantes, la tutelle lui sera retirée, confiée à
un tiers honorable (19) pour qui cette tutelle indivi-
duelle est d'ailleurs une charge obligatoire (10)(747).

16. *Vaterliche vormundschaft ;* il a le droit de correction
(662) avec le secours de la force publique « après enquête et
dans une mesure raisonnable ». La mère ne participe pas à la
vaterliche vormundschaft (746).

17. A. 754. « Le tuteur d'un mineur doit veiller à son éducation.. à son acheminement vers une carrière qui corresponde
à ses aptitudes ».

18. A. 683 et 684.

19. « Intelligent, digne de la confiance, à la fois de l'autorité et de la personne mise en tutelle », a. 746.

20. Mêmes principes dans le canton de Glaris, (A. L. E. IV,
501, sq.) a. 101. 122. — Dans la suisse allemande, des lois pé-
nales s'ajoutent en général aux réglementations civiles : exemple : appenzell. Rh. extérieure. Thurgovie, Shaffouse, St. Gall,
font de l'exclusion des tutelles une conséquence de la privation des droits civiques. A Berne, la loi de police sur les pau-
vres prévoit la privation. de la puissance paternelle par jugement pénal. Cf. Code Bernois. a. 149 et 148, 150.

La Suisse italienne admet aussi le principe du contrôle des
tutelles. Cf. code du Tessin, a. 123. (1er juin 1837), encore que
des traces d'une autorité paternelle énergique y pussent être
relevées (a. 102.).

β. **Allemagne**.

Négligeons les réglementations spéciales des divers États (21), où l'on retrouverait d'ailleurs, avec des conditions sociales analogues, les mêmes principes qu'en Suisse; cherchons dans le projet de Code civil (22) des notions directrices scientifiquement groupées.

21. Les villes libres hanséatiques seraient une transition intéressante de la Suisse à l'Allemagne, exemple : Hambourg : les art. 55. 57. Code pénal allemand ; la 1. de 1879. 25 juillet, (A. L. E. 29, 251.) ; L. 13 fév. 1880. [A. L. E. 80, 178] ; L. 6. Av. 1887. [A. L. E. 87, 372.] forment un code de protection de l'enfance dont les principes ont une origine très ancienne. Exemple : Gard'Orphénes de Lille, commissions municipales de Dunkerque, Gravelines, veillant aux intérêts des mineurs sous la haute protection de l'échevinage. Cf. à Provins. [Bibl. éc. des chart. IV, S. t. II, p. 201.], et Beauman. [Ed. Beugn. I, 273.]— Actuellement la L. de 87 a organisé l'éducation forcée : un comité de tutelle décide s'il y a lieu du placement de l'enfant dans un établissement spécial ou dans une *geeignete familie*.

Solutions analogues dans le Gr. Duché de Hesse. L. 11 juin 1887. [A. L. E. 87, 359.] : l'autorité tutelaire est le juge du bailliage ; appel à la cour des pourvois ; envoi de l'enfant dans une *geeignete familie*; réquisition large comme à Neufchâtel (n. 14.). En Prusse : L. 13 mars 1878. L. 5 juill. 1875. ([A.L. E. 76, 421]. La note énumère les associations privées et le nombre d'enfants recueillis.). — A Bade : L. 4 mai 1866. — Alsace-Lorraine, L. 18 juill. 1890. — Cf. encore sur le droit saxon et Bavarois, Pradines *B. soc. lég* c. IV. 157-160.

22. 1° Lecture. Berlin 1888.. Cf. Bufnoir *bull. soc, leg. c.*

1) On définit la puissance paternelle : c'est un
pouvoir de protection (23), c'est proprement, le devoir d'éducation (24), commun d'ailleurs aux deux
parents (25). Ainsi les devoirs du père doivent limiter ses droits.

2) Il a des droits, en effet : celui d'éducation (26),
de correction (27) « en une mesure raisonnable » ;
ils ne lui appartiennent que tant que subsiste le besoin de protection de l'enfant. La majorité est éman-

juill. 1890, p. 701. sq.. et motive zu dem entwürfe. T. IV, fa-
milienrecht, 1888, p. 721. sq.

23. Motivé, 721. « Un pouvoir dérivé du besoin naturel de
protection de l'enfant. »

24. A. 1502. « L'autorité de parent fonde pour le parent auquel elle appartient (le titulaire) : 1° » le devoir et le droit de
prendre soin de la personne de l'enfant... On entend se confor-
mer ainsi aux enseignements de l'histoire. Motiv. 724.

25. Motiv. 724 et a. 1501. — Au cours du mariage, la mère
a (1506) les mêmes droits et devoirs que le père, seulement
le père a voix prépondérante. Sur les enfants naturels, ces droits
seront spécialement marqués : elle garde les filles et les fils jusqu'à six ans. Cette solution n'est pas récente. (Sup. ch. II, p.147
n. 78 et arrêt Deschamps, n. 75.) ni spéciale à l'Allemagne : Cf.
dr. musulman. A Querry, Recueil de lois concernant les musul-
mans schyites. Paris. 1872, t. I, p. 746, a. 762. 764. — Dans
l'Illinois, act 3 avril 1872. a. 13. (A. L. E. 72, 85.). — En
Angleterre, act 24 avril 1873. (A. L. E. 73, 5.

26. Sur l'éduction religieuse, on renvoie aux usages locaux
A. 1508. Motiv. 757-758.

27. Avec le secours de la puissance publique. A. 1504.

cipatrice (28); réciproquement le devoir d'obéissance (29) survit tant que l'enfant demeure dans la
maison paternelle et y est entretenu ; le droit se mo-
dèle sur les faits.

3) Une autorité tutélaire est constituée (30) ; elle
intervient d'une façon préventive. Dès que l'intérêt
de l'enfant est sérieusement menacé, l'art. 1546 (31)
lui donne un pouvoir discrétionnaire (32). Elle pren-

28. La nécessité de protéger le tiers de bonne foi fait seule
rejeter le système germanique des émancipations taisibles.
motiv. 726.

29. 1498. sic. C. Saxon. motiv. 713. — Mais le droit de
correction disparaît sur les majeurs ; secus Cod. Saxon. (G. B.
1805.) Cf disp. analogue en Autriche. C. autr. a. 173.

30. Organisée par. L. 5. juill. 1875. (A. L. E. 427. Cf. Rapp.
Roussel. Ann. Sénat 83. 584.) C'est la justice de paix ; — appel au tribunal de district qui surveille les tuteurs par l'intermédiaire du conseil des orphelins (Waisenamt).

31. « Si le titulaire de la elterliche gewalt, par l'abus de
son droit de garde ou d'éducation, ou en négligeant l'enfant,
met ainsi en péril le bien intellectuel ou corporel de celui-ci,
ou *si un tel péril est à craindre pour l'avenir* par la conduite hon-
teuse ou scandaleuse de ce titulaire, l'autorité tutélaire prendra *les mesures nécessaires* pour écarter le danger. Notamment
le tribunal des tutelles peut ordonner que l'enfant sera placé
pour être élevé dans une *famille appropriée* ou dans un *établissement d'éducation ou de correction*. En tant que l'intérêt de l'enfant l'exige, ce tribunal peut enlever aussi la elterliche gewalt *en tout ou en partie...* »

32. Motiv. 802. » Cette intervention doit être d'ailleurs
: ussi limitée que possible ; on s'abstiendra, tant que l'intérêt
d l'enfant ne sera pas sérieusement compromis. »

dra les mesures qu'elle jugera convenables (33). Que
si l'abus est réalisé, l'indignité manifeste, le père
condamné par exemple pour un attentat commis
sur la personne de l'enfant (34), il sera privé complètement et *ipso jure* de son autorité.

Les droits du père incapable seraient simplement
suspendus, l'exercice de la puissance passant à la
mère (35), et l'autorité tutélaire appréciant en fait le
moment ou il conviendrait de lui restituer son autorité.

γ. — Angleterre.

L'Angleterre résout, en partant des mêmes principes germaniques (36), le problème de la protection

33. *Sup.* n. 31 et motiv. 805. Le placement dans une *geeignete
familie* n'est pas une innovation. (*sup.* n. 21) Cf. Etat de Bruns-
wick. L. 22. Dec. 1870. § 1 et les textes cités. Motiv. 805.

34. Crime ou délit entraînant l'emprisonnement dans une
maison de correction (Zuchthaus) ; ou emprisonnement simple pour une durée < six mois. La puissance cesse du jour
où le jugement passe en force de chose jugée. a. (1559).

35. a. 1633. 1554. — peu importe que l'incapacité fût de
fait ou de droit. — Motiv. 818. 819 dr. commun conforme.
Saxe. Weimar. Prusse les textes aux motiv. 819.

Que si le père est cependant interdit pour cause de prodi-
galité, la mère n'a pas la puissance; on redoute l'influence du
père ; de même au cas de divorce, on craint la discorde.

36. La tradition germanique semble se conserver ici très

de l'enfance ; elle organise d'une façon remarquable
le côté pratique de la solution.

1) La *common law* pose très nettement le principe
d'une autorité paternelle où les devoirs limitent les
droits. Le père a des droits, celui de garde et d'éducation (37), celui de *levis catisgatio* (38), celui de consentement au mariage (39).

Tous ces droits disparaissent avec la majorité de
21 ans ou le mariage.

Réciproquement, la jurisprudence précise les devoirs paternels : on sanctionne au besoin par une
amende (40) l'obligation de subvenir à l'entretien de
l'enfant ; l'instruction élémentaire est obligatoire (41).

pure. Les leges Wallicœ de Hoël étaient les sources les plus
pures du droit celtique. (*sup.* n. 13ª. P. II. ch. I).

37. Jugé que nulle convention n'y peut porter atteinte, même
en matière d'éducation religieuse et par contrat de mariage.
1879. aff. Agar. Ellis et aff. Besant. (sess. extr. *l. c.* 195).

38. Rien de plus ; pas d'emprisonnement par voie d'autorité ni de réquisition. (Lehr. elém. dr. civ, angl. Paris, 1885.)

39. Il est de pure forme et l'enfant peut demander à la
cour de chancellerie des dommages intérêts pour une opposition injuste.

40. Pradines. *b. s. l. c.* IX. 171. Jugé encore que l'emprunt
fait par la mère pour l'éducation des enfans oblige le père.

41. Vic. 33. 34. Elem. éduc.. L. 9. août. 1870. a. 74. Barcl.
198. Les bureaux scolaires créent des agens (bedeaux d'enfans), chargés de recruter les enfans qui sont dans les rues
aux heures de classe.

Le père n'est pas éxonéré de l'obligation de fournir aux

La common law contient enfin le principe germanique de l'intervention de la puissance publique : le roi, dit-on, est le chef de toutes les familles, donc le Lord Chancelier et la Cour de chancellerie ont le droit en son nom d'enlever la puissance au père qui s'en montre indigne et de la déléguer à un étranger.

2) La question de l'enfance se pose dans les temps modernes comme question sociale : une double évotion devait préciser au double point de vue (α' du droit, et $6'$) de la pratique les principes enfermés dans la common law.

α'). On s'attache à deux réformes : élargissement des droits de la mère, précision plus grande des limites qui bornent les droits paternels.

1) Le principe est que la mère n'a pas de droits (42) ; elle peut seulement signaler (43) à la Cour de chan-

besoins de l'enfant lorsque la charité privée ou publique s'en charge. La loi du 26 août 1889 l'oblige à verser 5 schellings par semaine. Le budget des écoles industrielles et de réforme aligne pour 1889-90 en face d'une dépense de 502,000 livres $= 12,500,000$ fr., 600,000 fr. de recettes. Les parens au cas de non paiement sont passibles d'emprisonnement. Cf. à Hamburg L. 13. fév, 1880 sur l'exécution forcée des titres émanés des comités de tutelle. A. L. E. 1881. 178.)

42. Elle a le droit à dutiful et reverential regard, rien de plus. Le père peut confier le nouveau né à un tiers. — Barclay. sess. extr. 89. p. 194.

43. Non par elle-même, mais par « un prochain ami » (Barclay. sess. extr. 89. p. 196.

cellerie qui est « la gardienne de la conscience du
roi » les abus de pouvoir ou l'indignité du père, et
la Cour appréciera s'il convient de retirer au père
la garde de l'enfant. — En 1839 (44), une loi donne
à la Cour le droit de confier en tous cas à la mère la
garde de l'enfant, jusqu'à 7 ans ; une loi de 1857 (45)
permet au tribunal, en cas de divorce ou de séparation de corps, de décider souverainement, soit avant,
soit après (47) le prononcé du jugement, de la garde
des enfants. En 1873 (47), on peut même la confier à
la mère jusqu'à ce que l'enfant soit majeur de 16
ans ; elle devient en 1886 (48) tutrice légale.

Désormais l'autorité des deux parents peut se contrôler et se limiter elle-même.

2). D'un autre côté, la jurisprudence use largement (49) du droit d'intervention que lui reconnaît
la common law. Sur quelques points seulement le législateur intervient. Un acte de 1871 (50) enlève à
la femme deux fois condamnée pour crime la garde

44. Vic. 2. 3. c. 54. *l. c*. 195.
45. 28 août 1857.
46. L. 13 août 1859.
47. L. 24 avr. 1873 (A. L. E. 73. 5).
48. Barclay. p. 196. et elle peut saisir la cour directement,
Cf. *sup*. n. 43.
49. M. Barclay cite l'exemple du poète Shelley, privé pour
inconduite notoire de la puissance paternelle. p. 194. *l. c*.
50. 21 août. (A. L. E. 78. 143).

des enfants mineurs de 14 ans pour les envoyer
dans une école industrielle ; en 1885 (51), on déclare
déchus de la puissance les parents coupables d'excitation à la débauche sur une fille mineure de 16
ans. Dès 1876 (52), le tribunal peut priver du droit
de garde les père et mère dont l'enfant âgé de plus
de 5 ans n'est pas pourvu d'une instruction suffisante.

3). A un troisième point de vue, le contrôle de la
puissance publique devient plus efficace. En 1886 la
Cour de chancellerie est remplacée par les tribunaux
de comté comparables à nos tribunaux d'arrondisse-
ment ; une véritable autorité tutélaire très rapprochée du justiciable est constituée.

6'). Ces réformes ne demeurent pas théoriques,
elles passent dans les faits, de nouvelles garanties
sont données à l'enfant sur le terrain de la pratique.

Dès la première moitié de ce siècle, de nombreuses
écoles d'éducation correctionnelle sont créées à
Londres (53) ; la National Society for preventing

---

51. 12 août. a. 12. — texte dans Barclay 197.

52. 15 août. a. 12. l. c. 198.

53. Industriel school an reformatory, écoles des Workhouses,
écoles de district. écoles du dimanche. écoles en haillons. Cf
rapport Roussel 592 sq. — La charité privée fonde 142 indus-
tr. sch. comprenant 23.137 enfants et 56 reformatories comprenant 5,940 enfants. En 1889 seulement on place 1,500 enfants dans les écoles de réforme, 5,842 dans les industrielles.

cruelty to children est la plus importante association de bienfaisance. On est assuré désormais de
pouvoir élever l'enfant qu'on enlèvera à un indigne.
On n'attendra pas pour l'y envoyer les lenteurs
d'une procédure de déchéance. En 1866 (54), deux
acts, complétés en 1880, règlent la situation des
mineurs de 16 ans moralement abandonnés. L'enfant
conduit devant le magistrat (simple police) peut
être envoyé sur le champ dans une école de
réforme pour y être maintenu jusqu'à 16 ans. Les
agents des sociétés de bienfaisance recrutent ainsi
les enfants errants, ces « arabes de la rue ». Les
lois des 26 et 30 août 1889 (55) complètent le système :
toute personne peut s'adresser à la justice pour
demander qu'un enfant soit soustrait à la garde de
parents indignes, tout constable peut le conduire
au cas de flagrant délit devant la Cour des juridictions sommaires qui *prend les dispositions con-*

Une loi de 1854 organise les écoles de reforme, et d'éducation
correctionnelle, une loi de 1857 celles d'éducation préventive. (Cf. rapp. G. Réache. Ch. dép. ann. 1884 p. 864.)

54. 10 aout 1866, 14 aout 1866, 2 août 1880.

55. (A. L. E. 90. 25.) Les art. 1. 3 edictent des peines sévères contre les parents qui abusent de leur autorité : tout constable peut arrêter sans mandat celui qui en sa présence maltraite un enfant ou se prète à des actions compromettant sa
santé ou sa moralité. a. 2. sq.

venables (56) place par exemple l'enfant dans une école de réforme ou le confie à un tiers (57). — En dehors de tout flagrant délit, toute dénonciation vraisemblable (58) peut porter le magistrat qui soupçonne une cruelty à délivrer un mandat autorisant le porteur à rechercher l'enfant et à le mettre en sûreté, jusqu'à ce que la Cour des juridictions sommaires ait statué. Le même mandat permettra souvent de saisir le parent accusé. (a. 7). Le principe de l'inviolabilité du *home* et de la non intervention fléchissent quand il le faut. Il semble d'ailleurs que ces mesures ont diminué dans une très forte proportion la criminalité de l'enfance (59).

56. Contraint par exemple le père dont la culpabilité est douteuse de donner caution de s'abstenir à l'avenir de toute voie de fait. — Ce n'est pas là une innovation historique *sup.* Ch. I, p. 147, n. 79.

57. Il suffit que la petty sessional court estime qu'il y a avantage ; on lui recommande seulement de choisir un tuteur de la religion de l'enfant. Ce tuteur exerce les droits d'un *parent*. L'act. du 30 août les confère aussi aux *guardians* des unions des enfants abandonnés.

58. On reçoit même le témoignage d'un enfant. Les adultes doivent prêter serment.

59. La national society a signalé en 5 ans 11,690 cas d'indignité cencernant 24,583 enfants. 6,374 parents ont reçu un premier avertissement, 1,657 ont été poursuivis, 1,540 frappés de 376 ans de prison et 13,000 fr. d'amendes. Le quart seulement des plaintes provient de la police.

Ce système est plus parfait, plus rapide que celui
de la Suisse et de l'Allemagne ; les principes
demeurent les mêmes.

Ainsi les législations germaniques ont comme règle l'intervention préventive et très large de l'Etat ;
elles l'organisent pratiquement, en créant une autorité tutélaire très rapprochée de la famille, et en ac-
cordant libéralement à la charité privée les moyens
d'action nécessaires.

3. Groupe latin.

Comment les législations, adoptant comme la nôtre
des solutions intermédiaires entre cette large protection de l'enfant par l'Etat et le principe romain
d'autorité résolvent-elles notre question ? — L'Espagne (60) depuis 1888, le Portugal (61) depuis 1880,
la Belgique (62), l'Italie sont dans ce cas. Choisis-

60. Cf. L. 18 juin 1870 (b. s. *l. c.* IX. 156). civ. a. 154. 155.
sq 167. 172 et 165. « Les parents sont privés temporairement
ou définitivement de la puissance, lorsque les tribunaux estiment qu'ils traitent leurs enfants avec une dureté excessive
ou qu'ils leur donnent des ordres, des conseils ou des exemples corrupteurs. »

61. Civ. 1880. a. 138. 141. « La puissance est suspendue ou
anéantie ». 168. D. 5. janv. 1888 confère à la junte générale du
district le droit de faire interner des mineurs dans des écoles
départementales. Cf. code admin. 117 n° 29.

62. C. néerl 357-360. Intervention du tribunal tout entier

sons l'Italie ; notre Code a inspiré le sien ; la comparaison est aisée.

1). Le Code italien construit scientifiquement la
théorie de la puissance paternelle en partant de
l'idée dont partaient aussi les rédacteurs de notre
Code, seulement ils la suivent jusqu'au bout au lieu
de l'oublier dans les travaux préparatoires.

Le père a les mêmes droits qu'au Code civil :
d'éducation, de correction, de garde, mêmes devoirs
aussi : obligation d'élever et d'instruire.

Reste à organiser l'équilibre de ces devoirs et de
ces droits. L'art. 223 investit les tribunaux d'un
pouvoir discrétionnaire que le seul intérêt de l'enfant

dans la correction paternelle. C. pénal. belge de 1867. a 378-
382. L'Evolution de jurisprudence est surtout remarquable,
elle est rapportée dans sess. extr. *l. c.* 210. Cf. arrêt de Bruxelles 10 juill. 1889 et les renvois. Cf en Hollande L. 19. sept.
1874. (loi. van houten) réglementant le travail dans les ateliers, complétée par L. 5 mai 1889. et c. penal. de 1881 a. 28.
30. Les déchéances sont très larges, mais le juge doit toujours
attendre l'abus pour agir ; ce code consacre la théorie
du tout ou rien : il part d'un point de vue pénal. — En Belgique on n'a que P. 72 et a 7 L. 6 mars 1866. Cf. *Moniteur* du
13 juill. 1890. pasinom-90. n° 266 p. 213 et 90. n° 533 et
les trav. prép. Pasin. 66. p. 81. C'est en 1890 seulement qu'un
arrêté royal essaie de séparer les enfants à interner dans une
prison et ceux à envoyer dans un établissement de bienfaisance.

Cf. sur un point spécial L. 28 mai 1888, (professions ambulantes) et sur les projets de loi : bull. soc. gén. pri. avril 92
p. 451.

légitime et limite (63). Le magistrat peut prévenir
ou réprimer ; la simple « négligence des devoirs »
lui permet d'agir et il peut réglementer, selon les
circonstances, l'exercice de l'autorité paternelle.
On signale seulement à sa vigilance certaines
hypothèses : ainsi l'art. 221 permet au président,
sur réquisition de la famille ou du ministère public,
d'éloigner l'enfant de la maison paternelle par
simple ordonnance non motivée (64) ; une loi de
1873 (65) contient presque les mêmes dispositions
que notre loi de 1874 sur les professions ambulantes ;
le Code pénal du 30 juin 1889 frappe enfin (349)
d'une déchéance totale relative le père coupable
d'attentat aux mœurs sur un de ses enfants, et l'art.
223 permet bien entendu au tribunal de prononcer
s'il y a lieu une déchéance générale. La puissance
paternelle disparait aussi de plein droit par l'effet
de certaines condamnations (66).

2. Ainsi est résolue la question de droit ; reste
la question de fait, le point de vue pratique. A défaut de parents le ministère public a seul le droit de

63. Les motifs du projet Allemand citent l'art. 223 comme
un précédent de leur art. 1546.

64. Cf. arrêt de Paris. 2 août. 1872.

65. L. 21 déc. 1873.

66. A. 331. 335. 337. etc.. elle disparait par une condamnation à l'ergastule ou à la réclusion ; elle est suspendue par celles qui emportent interdiction.

saisir le tribunal ; les informations sont insuffisantes (67) ; de plus l'éducation est donnée dans les
maisons de correction qui sont dit-on des maisons
de corruption.

Il y a là une lacune ; on l'a signalée (67). Ainsi le
Code Italien ne résout qu'une partie de la question
posée.

L'origine latine et l'individualisme romain sont-
ils la cause de cette impuissance pratique, tandis que
les législations germaniques résolvent aisément et
du premier coup le problème de l'enfance en droit
et en fait en partant d'une idée très ancienne de protection de l'individu par la communauté ? Les faits
suggèrent cette hypothèse.

b). — Quelle place assigner à la réforme française ? La question revient en face des solutions
étrangères,

1') Les statistiques semblaient établir que la loi
ne passât que lentement, insuffisamment dans les
faits ; elles accusaient un singulier antagonisme de
la charité privée et de l'assistance publique. Mais
peut-être que le défaut était apparent, transitoire,
que le fait ne signifiait pas une loi. Or on observe
que les législations germaniques ignorent de tels

67. M. Bernardino Alimena le constate sess. extr. 89. p.
203.

échecs pratiques même apparents, que l'Italie, en revanche, fait la même expérience que nous, cela rend vraisemblable au fond l'insuffisance que les statistiques accusent. La loi de 1889 renferme quelque vice caché.

2) Lequel ? — On a posé dans la loi du 24 juillet un principe et deux conséquences ; il faut qu'il soit dans l'un ou dans les autres.

α) Le principe est double : sa formule la plus générale est celle d'un droit de contrôle de l'Etat sur la puissance paternelle ; toutes les législations européennes l'admettent ; il n'est pas suspect. — Mais on précise : cette intervention dit-on, sera répressive non préventive, exceptionnelle, *ultimum subsidium* contre de graves abus — C'est la formule germanique renversée ; il est remarquable que la législation italienne elle-même est un peu plus large. Doit-on condamner ce principe, dire que l'intervention de la puissance publique doit être constante, préventive ? — Cette affirmation est transcendante ; qui assure que l'esprit français ne répugnerait pas à une telle réforme ? — Cela est concevable ; M. Courcelle-Seneuil l'affirmait « cela serait contraire à nos mœurs, à nos habitudes ». Peut-être que le même résultat pourrait être obtenu autrement.

6.) — On a tiré en effet du principe deux conséquences : le point de vue pénal en droit, en fait la centralisation absolue conservant au moins à l'assistance publique le domaine éminent des tutelles. Quelle est leur valeur ?

La déchéance totale, peine qui frappe fort ou ne frappe pas, est un phénomène juridique isolé en Europe, il ressemble à la *capitis deminutio*, à la mort civile, à l'émancipation forcée, tous expédients de logique ; rend-il raison de l'insuffisance pratique de la loi ? — Il semble que oui puisque le juge, obligé de frapper fort, hésite à sevir et que ce point de vue entraîne une étroite délimitation du cercle de ceux qui peuvent dénoncer les abus ; autant de chances d'application que l'on s'enlève à l'avance. — En fait, l'Italie n'admet pas le point de vue pénal, les législations germaniques y répugnent profondément. Repose-t-il au moins sur quelque caractère national qui est en France une donnée à respecter ? Certainement non, puisque la pratique connaissait avant 89 la réglementation partielle, et que l'on en soutient aujourd'hui la légitimité. Le point de vue pénal a été substitué à celui du projet Roussel par l'excès de logique juridique de la commission de la chancellerie ; il pourrait disparaître utilement.

Reste la centralisation absolue. Les législations germaniques adoptent, ici encore, le principe inverse, l'Italie n'a pas encore de principe. En fait le domaine direct retenu par l'administration rend instable, irrégulière la situation des institutions privées. Pourquoi ne suivrait-on pas l'exemple de l'Angleterre? Cela ne revient pas à réclamer les tutelles cantonales de la Suisse ou de notre loi de frimaire : Il y a deux questions : l'administration peut demeurer centralisée et la charité privée garder sa liberté d'action. A tout le moins l'expérience et l'exemple sont séduisants. M. George Berry propose cette réforme : il y a des choses, dit-on, que peut faire l'Etat, d'autres pour lesquelles il est radicalement impuissant ; à lui de réglementer des situations stables, à la charité privée cette initiative et ce dévouement qui opèrent des sauvetages où il faut dépenser encore plus de peine et d'amour que d'argent.

Ainsi, et mise en face des législations voisines, il semble que la loi française de 1889 pose un principe acceptable, celui de l'intervention limitée exceptionnelle de l'Etat : elle a le très grand mérite de tenter une solution complète de la question de l'enfance, mais elle l'organise à deux points de vue d'une façon insuffisante : le point de vue pénal dont on part est trop rigoureux et mathématique pour se plier aisément aux applications, et la centralisation absolue écarte l'initiative privée sans laquelle on a fait jusqu'ici peu de choses. Il est remarquable que la réforme qui amenderait ces deux points ne serait pas une innovation ; ce serait un retour, au nom des nécessités pratiques, vers les solutions que proposaient, après les discussions tenues à la société des prisons, des hommes pratiques, des administrateurs apercevant d'une vue très nette les dangers sociaux de la Logique.

§ II. — Conclusion.

Faut-il aller plus loin, doit-on répudier un jour le principe même de l'intervention exceptionnelle et étendre directement sur l'individu la protection constante de la puissance publique ? La puissance paternelle est-elle une forme sociale transitoire, le moule qu'on brisera lorsque s'y sera modelé durant des siècles le pur métal de la liberté et de la personnalité humaine ?

Cela est concevable ; le problème est très-vaste : cela revient à demander d'où nous venons et où nous allons.

1) Il est certain que l'histoire de la puissance paternelle paraît se développer suivant une loi très simple, continue. De la République romaine au bas empire, des coutumes barbares au XVIIIᵉ siècle, de 89 à nos jours, on a pu suivre une évolution qui part du despotisme pour aller à la liberté. On a assisté à un progrès ; Manlius Imperiosus fait place au constable des actes de 66 et de 89 qui perquisitionne muni

de son mandat pour trouver l'enfant qu'on suppose maltraité ou mal élevé, qui conduit le père devant le magistrat pour voir dire sur le champ que cet enfant lui est enlevé. A vrai dire, c'est à la société maintenant que l'enfant appartient, non à la famille *ante domus pars videtur, mox reipublicæ.* — On a même vu cette solution radicale s'imposer sous la pression des faits, la question de droit devenant question sociale.

Une conclusion certaine s'impose-t-elle ? Faut-il dire que cette histoire et le principe d'autorité sont deux notions divergentes ; elles ont coïncidé il y a très longtemps et elles ne se rencontreront jamais, ainsi on peut assigner une époque ou leur distance sera plus grande que toute quantité donnée ; — ce jour là il n'y aura plus de famille, il n'y aura que des libertés et l'Etat.

2) — Deux droites ont coïncidé ; elles ne coïncident plus ; il suit qu'elles divergent à l'infini : — cela est certain. Posons encore que l'autorité absolue du père et la liberté de l'enfant se développent ainsi dans le temps : ce symbolisme est commode ; il est au fond de presque tous nos raisonnements.—A tout le moins il y a deux questions : — si nos deux notions n'ont pas coïncidé, la figure manque ; or on ne croit pas que l'autorité paternelle ait jamais été, même à Rome, un despotisme absolu ; elle ne paraît

pas l'avoir été non plus dans les coutumes barbares.
— Et puis le développement a été régulier jusqu'ici,
divergent même ; qui pourrait dire qu'il demeurera
tel ? — Nous prenons peut-être pour des droites in-
finies quelques courbes mystérieuses dont les points
de rebroussement sont très loin de nous : Pourquoi
le droit de vente reparait-il après le droit du bas empire ; pourquoi le code de 1804 a-t-il répudié la tradition révolutionnaire ? — A cause des invasions, à
cause du droit naturel. Fort bien, mais quel sociolo-
gue aurait prévu de tels accidents : Pierre Lombard
ou Lamoignon croyaient-ils que la majorité ne serait
pas émancipatrice en france au XIXᵉ siècle ? — Ces
reculs sont toujours concevables car la loi d'évolution n'est qu'une hypothèse métaphysique commode
et un schème.

Au fond, des faits sont constatés : il y a eu un progrès, une succession d'inventions juridiques heu-
reuses ou malheureuses : la civilisation a créé la
censure, les parlements, les magistrats, qui protègent
l'enfant ; elle nous a gratifié aussi du problème de
l'assistance des moralement abandonnés. Cela est
certain. — Une seule remarque s'impose, celle que
ces faits contiennent directement : une progression
constante se retrouve sous les formes historiques, ac-
compagne l'évolution : c'est l'élargissement continuel
des relations de droit. Restreintes d'abord au groupe

étroit et serré des parents, s'annexant ensuite « toutes
sortes de parents fictifs et imaginaires » elles s'éten-
dent au cercle plus vaste des gentilices, des conci-
toyens, par l'idée de patrie, à l'Etat lui-même. Et
à mesure, les droits de l'enfant sont mieux protégés,
l'autorité paternelle reçoit en droit et précisément
des limites que, dans le groupe familial, les faits, les
mœurs, la sociabilité en germe dans la conscience
humaine posait à une époque très ancienne.

Pourquoi un tel développement conduirait-il à un
contrôle préventif ou à une suppression totale de
l'autorité paternelle plutôt qu'à une réglementation
répressive ? Ces deux systèmes sont concevables, on
ne peut rien affirmer *a priori*.

On peut seulement faire une hypothèse vraisemblable : si l'élargissement des relations de droit est
une loi de la nature sociale, si le présent se rattache
au passé « par la chaîne d'or des fins et des formes »
et si les inventions juridiques sont en ce sens comme
le développement Leibnitzien de quelque chose d'é-
ternellement enveloppé, on conçoit que l'histoire marche vers un système familial où l'autorité paternelle
fût effectivement, comme l'affirme *a priori* Hegel, un
pouvoir de protection. Elle serait essentiellement un
devoir d'éducation justifié et limité par l'intérêt de
l'enfant, celui-ci sauvegardé, protégé dès qu'il le faut
par l'intervention de la puissance publique. Si l'é-

volution va quelque part, il est probable que c'est
là ; à tout le moins cette conjecture est utile puisque
les idées directrices sont des forces et que penser la
liberté, c'est déjà la réaliser.

BIBLIOGRAPHIE

On a mis à profit les monographies citées dans Fuzier-Hermann (Société de législation comparée, session extraordinaire, 1889, p. 107, n. 1.)

Les ouvrages généraux suivants ont été cités par abréviation :

a. — G. Bourcart. Esquisse historique de la famille. *cité* :
           » Bourc. Esq.
Histoire de l'autorité paternelle en France.: Bourc. Hist.
Burnouf. Essai sur le véda. . . . . Burnouf.
Hermann. Lehrbuch der Griechischen Anti-
 quitaten . . . . Hermann
Leist. Altarisches. Jus gentium. . . Leist. A. I. G.
Leist. Græcoitalisches Rechtsgeschite. . » G. I. R. G.
Revillout. Cours de droit égyptien. . . Revill. l. c.
Revillout. Les obligations en droit égyptien. . » Obl.
Starcke. La famille primitive . . . . Starcke. l. c.

b. — Bekker. Die Aktionen des Römischen Privatrechts
. . . . Bekk. Ak.
Bethmann-Holweg. Der civilprozess des ge-
 meinen Rechts in geschichtlichen
Entwickelung . . . . B. H.
Brinz. Lehrbuch der Pandekten. . . . Brinz. Pand.
Danz. Lehrbuch der geschichte des Rö-
 mischen Rechts. . . . . Danz. l. c.

Dernburg. Pandekten . . . . . . Dernburg. l. c.

Dirksen. Versùch zur kritik und Auslegung der
  Quellen. . . . . Dirksen. l. c.

Glück. Ausführliche erlauterung der Pandekten etc . . . . Glück-Leist.

Kuntze. Cursùs des Römischen Rechts. . . Kuntze. C.

Karlowa. Romische Rechtsgeschichte. Karlowa. R. R.

Krüger. Geschichte der Quellen. . . . Krüger. l. c.

Mulhenbrùch. Doctrina pandectarum.
  Bruxelles. 1838 . . . . Mühlenbr. l. c.

Puchta. Cursus der Institutionen. . . . Puchta l. c.

Schulin. Lehrbùch der geschichte des Römis-
  schen Rechts . . . . Schulin. G. R.

Ubbelohde. Ausführliche erlauterung der
  Pandekten . . . . Ubbell.Glück

Voigt. Die XII Tafeln . . . . Voigt. XII t.

Voigt. über die leges regiæ. . . . . › L. R.

Wesenbeccius. Commentaria in Pandectas. (An-
  vers-1639). . . . . Wesenbeccius, l. c.

Windscheid. Lehrbùch der Pandekten . . WindschP.

On a consulté spécialement :

a. Antiquité.

Bernhöft. Organisation familiale indienne antique, dans :
  Zeitschrift für-vergleich. Rechtsgeschichte, t. IX. pp.
  203. 292.

Kohler. Droit de Birmanie. Zch. f. v. R. G. VI. 161. 388.
  Droit coutumier indien. l. c. VIII. 89. 262.

Les indiensde Goya: l. c. VII. 381.

Droit chinois. l. c. VI. 351. 386.

Plath. China vor. 4000. Iahren nach chinesichen quellen
(B. N. O². N. 178).

Scherzer. La puissance paternelle en Chine. Paris Leroux
    1879. et Berr de Turique, b. s, l. c. VIII. 284.

Tcheng-ki-Tong. Revue des deux-mondes. 1884. p. 827.
sqq.

b, Droit Romain. —

Bechmann. Studie in der gebiete der legis actio sacra-
    menti in rem. (Münschen. 1889.)

Bernhöft. Staat und Recht der Römischen Königzeit.

Burchardi. Gemeins. Erziehungsrecht. (Archiv. für. civ.
    Praxis. VIII. 164).

Demelius. Exhibitionspflicht.

Desjardins. Traité du vol en droit Romain.

Esmein. Le délit d'adultère à Rome et la loi Julia.

De fresquet : La puissance paternelle à Rome (Aix, 1861).
    » Le tribunal de famille à Rome dans. Rev. hist.
    1855. p. 125).

M. Girard. Actions noxales. (Nouv. rev. hist. t. XI).

Giraud. Du nexum.

Huschke. nexum.
    » Gaïus. Beitrage zùr Kritik u. s. w.

Ihering. fondement des interdits possessoires.

Klenze. Cognaten-ùnd Affinen. (Savigny-Stiftung. VI).

Lallemand. Histoire des enfants abandonnés,

Leist. zùr Geschichte der Romischen societas.

Machelard. Interdits.

Marezoll. Révision der Lehre der Adventicien.(Zch.f. civ.
Pr. VIII. 273).

Pfersche. Interdikte

Rivier. Précis de la famille Romaine.

Sarwey, dans. Arch. für. civ. Praxis **XXXII**. 10.

Schmidt. Interdiktenverfahren.

Voigt. Lex Mœnia.

c. *Ancien droit français.*

Ayrault, Puissance paternelle. Paris, 1598.

D'Arbois de Jubainville. La puissace paternnelle en droit
Irlandais (Nouv. rev. hist. 1885. p. 466).

Bacquet. Des droits de justice, ch. XXI.

Boerius. Decisiones.

Bouteillier Somme rural éd. 1621. p. 978, sq.

F. de Cormis. Recueil de consultations. Paris, 1735. II. 1128.

Le Droit de famille aux Pyrénées. (Rev. hist V. 257,
XIV. 332. XV. 208.

Grimm. Deutsche Rechtsalterthum.

Henrys sur Bretonnier, éd. 1771. II, 4. 713. sq.

Koenigswarter. Histoire de l'organisation de la famille en
France.

Klimrath. Etude sur les coutumes.

Laurent Bouchel. Sur la coutume de Senlis (a. 221).

La famille dans la coutume de Normandie. (Rev. Wo-
lowski XXXII. 63).

Laferriere. Loi salique.

L'abbé Meusy. Code de la religion et des mœurs. (Paris
1770).

Rabanis. Institutions judiciaires de Bordeaux. (Rev. hist.
VII. 506).

Richthofen. Untersuchungen uber friesiche Rechtsgeschichte.

d. Droit moderne.

Blackstone. Commentaires sur les lois anglaises.

M. Brueyre. Les services de protection de l'enfance. (Bull. soc. gen. des prisons 86, 735).

» Rapport au comité de défense des enfans traduits en justice. (Paris 1891).

M. Bufnoir Bull. soc. leg. comp. 90-701.

M. Charmont. La loi du 24 juillet 89. (Rev. crit. 91. 501

Collignon. L'enfant à Paris. (Paris, 89).

Entwurf eines bürgerliches Gezetzbuches für das deutsche Reich

    Motive zù dem Entwùrf. B. IV,

Lardy . Législations civiles des cantons suisses.

Lehmann. Die vaterliche Gewalt in heutigen Europa.(Ihe rings. jahrbücher, t. XXV).

De Loynes. Dalloz 90, 2,25. ; 91, 2, 73.

Naquet Sirey, 91, 2, 25.

Pradines. Bull. soc. lég. comp. 79. 284 — 80. 157.

Rapports du directeur de l'assist. publ. au préfet de la Seine, 1890, 1891, 1892.

» au Président de la République sur l'application de la loi du 24 juillet 1889. (J. O. 6 mai 93).

» lus à la Soc. lég. comp. ses. extr. 89. (Paris, 1889).

Stölzel. Das Recht der vaterlichen Gewalt in Preussen tirage à part de Justiz ministerialblatt. 1874.

Testoud. Le contrôle de la puissance paternelle par les tribunaux. (Rev. crit. 1891.)

POSITIONS.

Positïons prises dans la thèse.

I. *Interdicti duo de liberis exhibendis item ducendis habent veluti proprietatis causam ;* cela signifie que tous deux conduisent à une solution définitive sur le fond du droit.

II. L'interdit *de liberis exhibendis* n'est pas nécessairement préparatoire de l'interdit *de liberis ducendis ;* ce dernier n'est pas donné contre le *filius familias ;* cependant chacun des deux interdits a un domaine spécial et le f. 1 § 2. Ulp. 43. 30 n'est pas fautif.

III. Le mot *causa* dans la *legis actio sacramenti in rem* ne signifie pas le mode d'acquisition.

IV. La *filii vindicatio* ne comporta jamais une *formula petitoria.*

V. La novelle CXVII et la const. un. au Code. V. 24 ne sont pas contradictoires.

VI. Le *jus vitæ necisque* du *paterfamilias* romain n'a pas son origine dans une *lex regia.*

VII. Le *jus vitæ necisque* a disparu à l'époque de Paul et le f. 11. 28. 2 n'est pas interpolé.

Positions prises en dehors de la thèse.

I. A partir de l'an 529, le mari n'a pu aliéner les meubles dotaux de la femme.

II. Sous le système formulaire, l'exception de dol insérée dans la formule et vérifiée par le juge emporte absolution du défendeur et déchéance du demandeur, même pour l'avenir, de son droit d'action désormais épuisé.

III. Un *correus promittendi* non associé, qui paie ou est poursuivi, ne peut pas exiger du créancier la cession de ses actions contre les autres *correi promittendi*.

IV. Le paiement est libératoire sous l'empire.

DROIT FRANCAIS

Positions prises dans la thèse.

I. Le *mundium* germanique n'a pas le caractère d'une puissance absolue.

II. La loi du 24 juillet 1889 se place à un point de vue pénal et les tribunaux doivent, ou s'abstenir, ou prononcer contre le père indigne la déchéance totale.

III. Les tribunaux n'avaient pas avant la loi de 1887, le droit de prononcer la déchéance de la puissance paternelle ni de restreindre ou de limiter en quoi que ce fût les droits du père.

IV. L'art. 2 § 2 de la loi de 1889 ne vise que des délits ; les faits qu'il prévoit entraînent, lorsqu'ils sont des crimes, la déchéance obligatoire.

Positions prises en dehors de la thèse.

I. Le lot gagné au cours d'une communauté réduite aux acquêts, par une obligation propre à l'un des époux, demeure propre à cet époux.

II. La masse des créanciers de l'assuré en faillite ne peut pas, en vertu de l'art. 564 du Code de commerce, réclamer le bénéfice de l'assurance faite au profit de la femme du failli.

III. L'obligation alimentaire subsiste entre un époux et les parents de l'autre, lorsque le mariage est dissous par le divorce et qu'il existe des enfants de l'union rompue.

IV. La clause de résiliation dans une vente à tempérament ne constitue pas un pacte commissoire.

V. La mise en report par le vendeur des titres vendus à tempérament est licite.

VI. Le procès-verbal de saisie-contrefaçon d'une œuvre littéraire fait par un huissier ne peut baser une procédure correctionnelle.

VII. La partie civile peut relever opposition du défaut-congé surpris contre elle par le prévenu de contrefaçon.

VIII. L'administration de l'enregistrement peut se prévaloir, et l'on peut se prévaloir contre elle, des présomptions des art. 1499–1504 civ. relativement aux droits de mutation après décès à percevoir sur les biens de l'époux qui prédécède.

Le Président de la thèse :

E.   JOBBÉ-DUVAL.

Vu par le doyen :

COLMET DE SANTERRE.

Vu et permis d'imprimer,
Le vice-recteur de l'Académie de Paris,

GRÉARD.

TABLE DES MATIÈRES

Introduction 1

Première partie. L'Antiquité 11

Section I. — La Chine et l'Egypte 12
Chapitre I. — Chine 12
Chapitre II. — Egypte 14
Section II. — Conceptions ariennes. 17
Chapitre I. — Droit arien 17
Chapitre II. — Droit grec 21
Chapitre III. — Droit romain 24

§ I. — Idée générale. Hypothèse méthodologique 25
§ II. — Origine et fin de la *potestas
patria* 28
§ III. — Elément de droit privé de la
potestas 31
A. — Droit de quasi possession . . . 31
I. — Garanties du droit. Leur valeur juridique.
a) *Præjudicium* 32
b) Interdits 34
α. Leur valeur. 34
β. Leurs rapports. 44
γ. Leurs effets. 46
c) *cognitio prætoris* 47
d) *vindicatio causa adjecta.*. 49

II. — Garanties du droit. Leur valeur histori-
que.   54
III. — *Actio furti*   58
IV. — Limitations du droit de quasi-possession.   59
     a) Le droit.   59
     b) Limitations   59
       α. Par le droit du mari.   60
       β. Par le droit de la mère.   60
        1) Indignité   60
        2) Divorce   61
        α') Question générale.   61
        β') Novelle 117.   64
     B. — Droit d'usage   66
I. — Transfert à un tiers d'un droit sur la per-
sonne de l'enfant   67
     a) *Nexum*   67
     b) Mancipation   68
       α. Mise en gage.   69
       β. 1. Vente.   70
       α') *Noxalis deditio*   70
       6') Mancipation   71
        2) Restrictions au droit de vente. . .   71
II. — Louage de services   74
     § IV. — Magistrature domestique.   76
     A. — *Mariage*.   76
     a. Sponsalia   76
     b. Mariage   78
     c. Divorce.   81
     B. — *Animadversio*   81
I. — *Droit de punir*.   82
     a) Peines frappant la personnalité juridi-
dique   82
     b) Peines frappant la personnalité physi-
que   84

II. — *Limites du droit*   86

    a) La famille.   86

    b) *La censure*   90

    c) *L'Etat*   92

      α. Intervention indirecte.   93

      β.   »   directe.   94

    § **V**. — **Limitations générales de la patria potestas**   100

I. — *Déchéance de la puissance paternelle* . . .   100

    a) *Capitis deminutio*.   101

    b) *Emancipation forcée*   104

II. — *La patria potestas et l'Etat*.   106

    § **VI**. — **Conclusion**. — **Notion de la patria potestas. Justification de l'hypothèse méthodologique**.   108

Deuxième partie. L'ancien droit   117

Chapitre 1. — Coutumes barbares   118

    § **I**. — **Mundium**   118

    a) *Les textes*   118

    b) *Les théories*.   123

    § **II**. — **Mundium et potestas** . .   124

Chapitre II. — Ancien droit.   126

    § **I**. — **Limitations spéciales apportées à la puissance paternelle**   126

    a) *l l: ve l Droit*.   127

    b) *Droit de garde et d'Education*   128

    c) α. *Ma riage*   130

      β. *Vœux*. . . . . γ7. .   132

    d) *Droit de correction*   133

    § **II**. — **Limitations générales**   :(

    a) *Durée*.   136

      α. *Emancipations taisibles*   137

      β. *Majorité émancipatrice* **140**

b) Organes de contrôle **141**

   α. *Droits de la mère* **142**

   β. *Contrôle judiciaire.* **143**

     1) *Réglementation* **143**

     2) *Déchéance totale* **148**

   § III. — **Conclusion**. **150**

Troisième partie. Droit moderne **153**

Chapitre I. — Droit intermédiaire. **156**

   a) Majorité émancipatrice **156**

   b) Organisation du contrôle social . . . **157**

   α. Premier projet Cambacérés . . . **158**

   β. Second projet. **159**

   γ. Troisième projet. **160**

   δ. Projet Jacqueminot **161**

Chapitre II. — Code civil **163**

   § I. — Travaux préparatoires . . . **163**

   § II. — Les textes **165**

   a) Devoirs du père. **165**

   b) Droits du père **166**

   α. Garde et éducation **166**

   β. Correction **167**

   γ. Consentement au mariage. . . . **168**

   c) Limitations des droits paternels. . . **170**

   α. Droits de la mère. **170**

   β. Contrôle judiciaire **174**

   A 1) Déchéance partielle **175**

     2) Droit des ascendants **177**

     3) Conventions et renonciations. . . **179**

   B Déchéance totale **180**

Chapitre III. — Législation postérieure au Code civil.

   Lacunes du Code civil — question de
l'enfance. **182**

   § I. — Œuvre de la pratique . . . **184**

A. — La question de fait 184

a) La charité publique et la prison. . . 185

b) La charité publique et l'administration. 187

c) Charité privée 188

B. — La question de droit. 190

a) Jurisprudence, théorie des abus. . . 191

b) Droit des ascendants. 192

§ II. — Lois spéciales. 194

A. Limitations légales 194

a) L. 22 mars 1841. 194

b) L. 28 mars 1882 195

B. — Déchéances 196

a) A. 335 P. 1810. 196

b) L. 7 décembre 1874. 197

§ III. — Loi du 24 juillet 1889. . . 198

Travaux préparatoires. 198

1) Projet Voisin. 199

2) Projet Roussel 200

A. — La question de Droit. 201

α. Déchéance 202

1) Cas de déchéance 202

α'. Obligatoire 202

β'. Facultative 202

2) Idée directrice ; faute ou tutelle ? . 204

α'. Tutelle 205

1°) Déchéance civile 205

2°) Divisibilité de la puissance paternelle. 206

3°) La tradition. 206

4°) Jurisprudence 207

6'. Faute 208

1°) Déchéance pénale. 208

2°) Solidarité des droits paternels. . 210

3°) Rejet de la jurisprudence antérieure 211

4°) Jurisprudence 213

3). Autres applications de l'idée directrice. 214

α'. Etendue de la déchéance 215

6'. Déchéance de la mère 215

γ'. Procédure. 216

β. Dessaisissement. 217

1) Parents inconnus 217

2) Placement avec intervention de
parents. 218

γ. Restitution de la puissance paternelle 219

B. — La question de fait 220

1) Déchéance 222

2) Dessaisissement. 224

3) Obligation de subvenir à l'entretien
de l'enfant. 225

Chapitre IV. — Conclusion 226

§ I. — 226

A. — Valeur pratique de la loi de 1889. 227

a) Rareté des applications 227

b) Charité publique et charité privée . . 228

B. — Valeur théorique 229

a) Recherche des solutions étrangères. 229

1) Groupe romain. 230

2. Groupe germanique 230

α. Suisse 231

6. Allemagne. 235

γ. Angleterre. 238

3. — Groupe latin. Italie 245

b) Valeur de la loi de 1889. 248

1) Insuffisance pratique 248
2) Réformes possibles. 249
§ II. — Conclusion 252
1) L'histoire indique-t-elle une évolution nécessaire. 252
2) Définition de la puissance paternelle 253

Laval. — Imprimerie et stéréotypie E. Jamin. 8, rue Ricordaine.

TRAITÉ ÉLÉMENTAIRE

THÉORIQUE ET PRATIQUE

DE MAGNÉTISME

CONTENANT

TOUTES LES INDICATIONS NÉCESSAIRES POUR TRAITER SOI-MÊME, A L'AIDE
DU MAGNÉTISME ANIMAL, LES MALADIES LES PLUS COMMUNES

AVEC

QUARANTE-SEPT FIGURES INTERCALÉES DANS LE TEXTE

PAR

LE Dᴿ TONY MOILIN

PARIS

LIBRAIRIE INTERNATIONALE

15, BOULEVARD MONTMARTRE, 15
Au coin de la rue Vivienne

A. LACROIX, VERBOECKHOVEN ET Cⁱᵉ, ÉDITEURS

A BRUXELLES, A LEIPZIG ET A LIVOURNE

1869